写给领导者的故事课

从构建故事到改变组织文化

THE SECRET OF CULTURE CHANGE

How to Build Authentic Stories That Transform Your Organization

[美] 杰伊·B.巴尼 Jay B. Barney

[巴西] 马诺埃尔·阿莫里姆 Manoel Amorim

[巴西] 卡洛斯·胡里奥 Carlos Júlio

班海东 译

机械工业出版社
CHINA MACHINE PRESS

图书在版编目（CIP）数据

写给领导者的故事课：从构建故事到改变组织文化 / （美）杰伊·B. 巴尼（Jay B. Barney），（巴西）马诺埃尔·阿莫里姆（Manoel Amorim），（巴西）卡洛斯·胡里奥著；班海东译 . -- 北京：机械工业出版社，2024.7. -- ISBN 978-7-111-75966-9

Ⅰ . C936

中国国家版本馆 CIP 数据核字第 2024W69A53 号

机械工业出版社（北京市百万庄大街 22 号　邮政编码 100037）
策划编辑：张　楠　　　　　　责任编辑：张　楠　林晨星
责任校对：潘　蕊　张　薇　　责任印制：常天培
北京科信印刷有限公司印刷
2024 年 7 月第 1 版第 1 次印刷
170mm×230mm · 14.75 印张 · 1 插页 · 191 千字
标准书号：ISBN 978-7-111-75966-9
定价：69.00 元

电话服务　　　　　　　　　网络服务
客服电话：010-88361066　　机 工 官 网：www.cmpbook.com
　　　　　010-88379833　　机 工 官 博：weibo.com/cmp1952
　　　　　010-68326294　　金 书 网：www.golden-book.com
封底无防伪标均为盗版　　　机工教育服务网：www.cmpedu.com

我们熟识的每个人，要想改变其所属组织的战略，迟早都会面临一个同样的难题：要让那些新战略发挥最大的效果，往往还需要改造组织文化。这一规律不受组织性质的影响——无论是成熟的营利性企业，还是初建的创业企业，抑或是非营利性机构，乃至于政府部门。现有的组织文化往往能够助力原有的组织战略的执行，由此可知，如果想要改变这些原有的战略，人们很可能需要改变原有的组织文化。

　　倘若你推行新的组织战略，却不更新原有的组织文化，又将如何呢？有人引用彼得·德鲁克（Peter Drucker）的话说，若旧文化与新战略相悖，那么"文化必会将战略吞噬于无形"。

　　很好，你已经了解到了这一点。要想全面推行新战略，你常常需要转变你的组织文化。但你又该从何处着手呢？

　　已有不少著作探讨了文化变革的秘密，但我们发现它们大多与文化变革的真实实践相去甚远。这并不是在贬低以往的关于文化变革的研究，恰恰相反，在本书中，我们借鉴了以往研究所提出的文化变革原理。

　　我们期望找到一种更为切实可行的途径，能助力各类组织中的管理者在各个层面改造组织文化。于是，我们决定探询管理者们实施文化变革的具体情况。

他们所透露的情况令人震惊。

绝大部分成功的文化变革之举，都源于管理者们"编织的故事"。为了编织这些故事，管理者们通常会在行为上与企业的文化旧貌彻底决裂，同时为培育文化新貌铺平道路。而且，这些故事都是真实的，在管理者们的"主演"下，往往能触动员工的情感和理智，常常极富戏剧性效果，也会激励组织中的其他人构建自己的故事。

本书精选了 38 个故事，它们源自我们对众多管理者的访谈（从 150 多个故事中精选而出）。除此之外，本书还将指导你构建自己的故事，开启自己的文化变革之旅，展现这些内容蕴含的文化变革理念发挥作用的原理和具体场景。

无论是《财富》全球 500 强企业，还是规模不大的初创企业；无论是高速发展的科技企业，还是非营利性的社会组织；无论是高等学府，还是政府部门……我们见证了这些理念在各行各业的实践。我们也发现了这些理念在组织内部各个层面的普及——从首席执行官到分管副总裁，从事业部总经理到工厂或办公室的管理人员，从一线主管到领取时薪的工人，它们无处不在。

然而，本书并没有提供一套现成的故事，能让你拿来即用，从而引领企业实现文化变革。本书侧重于故事构建，而非故事叙述，因此你需要亲自创作属于你自己的故事来推动文化变革。我们固然会阐明一个理想的故事应该具备哪些属性，但我们无法替你决定故事的具体内容，这需要你自己去创造——当然，本书展示的大量范例或许能够为你的创造提供一定的启示。

在你着手构建故事，引领组织进行文化变革的过程中，我们期待收到你的反馈。哪些做法奏效了？哪些做法的效果不尽如人意？在这个过程中，有哪些方面是你要尽量避免的，又有哪些方面是你要不断调整的？欢迎你分享你的故事。希望交流能够增进我们彼此对故事构建和文化变革的了解。

最后，祝你阅读愉快，愿你在探索中打造出的组织文化赋能你和你的团队，使你们发挥最大的潜力。

杰伊·B.巴尼　　　马诺埃尔·阿莫里姆　　　卡洛斯·胡里奥

美国犹他州帕克城　美国佛罗里达州奥兰多　　巴西圣保罗

献　词

本书谨献给我们采访过的管理者，他们分享的文化变革经历让我们受益颇深。对于本书涉及的故事，相关人士的姓名和背景在此一一列出。

费尔南多·阿吉雷（Fernando Aguirre）——伊利海狼棒球队（Erie Seawolves Baseball）的所有者兼首席执行官（CEO）；金吉达品牌国际（Chiquita Brands）的董事长、总裁兼首席执行官；数次担任宝洁（P&G）的总经理、副总裁和总裁；担任多个董事会的董事。

马诺埃尔·阿莫里姆（Manoel Amorim）——阿布里尔教育（Abril Education）的总裁兼首席执行官；Globex 的首席执行官；Telefonica International 消费业务的董事总经理；Telesp（Telefonica）的首席执行官；宝洁的总经理；担任多个董事会的董事；杨百翰大学万豪商学院国家咨询委员会（National Advisory Council，Marriott School of Business，BYU）成员。

杰里米·安德鲁斯（Jeremy Andrus）——Traeger Pellet Grills 的首席执行官；Solamere Capital 的驻场企业家；Skull Candy 的总裁兼首席执行官。

玛丽斯·巴罗索（Marise Barroso）——雅芳（Avon）的副总裁；

Marisa 的首席执行官；Amanco Brazil 的首席执行官；担任多个董事会职务。

丹·伯顿（Dan Burton）——Health Catalyst 的首席执行官；HB Ventures 的管理合伙人；美光科技（Micron Technology）的企业战略负责人；担任多家企业董事会的董事；杨百翰大学万豪商学院国家咨询委员会成员。

阿尔贝托·卡瓦略（Alberto Carvalho）——安宏资本（Advent International）的运营合伙人；Coaching International 的首席执行官兼合伙人；宝洁（巴西、阿根廷和智利子公司）的总裁；吉列全球业务的副总裁；刮胡学问（The Art of Shaving）的首席执行官；担任多个董事会职务；东北大学新兴市场中心顾问。

克利夫·克莱夫（Cliff Clive）——MediNatura Inc. 的创始人兼首席执行官；Heel Inc. 的首席执行官；Breville North America 的首席执行官；Power Bar（归属 Nestlé）的总经理；罗氏制药（Roche Pharmaceuticals）美洲区消费者健康业务的总裁。

小伊万·萨托里（Ivan Sartori Filho）——Mind Makers International 的合伙人；SOMOS Education 的副总裁；Telefonica International 的区域总监；Alcoa Brazil 塑料和涂料业务的总经理；天纳克（Tenneco）约克业务部的经理；里约热内卢天主教大学副教授。

安妮特·弗里斯克普（Annette Friskopp）——惠普（HP Inc.）PageWide 工业打印、专业打印及技术全球业务部门总经理；Zaptrio Inc. 的首席执行官兼总裁；一家船队管理公司（名称保密）的执行副总裁；Out & Equal 的董事会成员。

梅勒妮·海丽（Melanie Healey）——North America 集团总裁；全球健康和女性护理集团（Global Health and Feminine Care）的总裁；

全球女性护理和成人护理（Global Feminine Care and Adult Care）的总裁；宝洁北美女性护理业务的副总裁兼总经理；在多家企业的董事会任职。

布雷特·凯勒（Brett Keller）——Priceline 的首席执行官、首席运营官、首席营销官和市场营销副总裁；杨百翰大学万豪商学院国家咨询委员会成员。

沙恩·金（Shane Kim）——游戏驿站（GameStop）的临时首席执行官兼董事；在微软（Microsoft）担任数个职位，包括公司副总裁和总经理；担任多个董事会职务。

布里吉特·马德里恩（Brigitte Madrian）——杨百翰大学万豪商学院院长兼万豪特聘教授；美国国家经济研究局家庭金融工作组联合主任；担任多个董事会职务。

杰米·奥班宁（Jamie O'Banion）——Beauty Biosciences LLC 的创始人兼首席执行官；杨百翰大学万豪商学院国家咨询委员会成员。

皮特·皮萨罗（Pete Pizarro）——SALT Venture Partners 的管理合伙人；Ilumno 的总裁兼首席执行官；eLandia 集团的董事长兼首席执行官；Telefonica USA 的首席执行官；担任多个董事会职务。

斯特凡诺·雷托雷（Stefano Rettore）——LemanVentures 的创始人；Origination 的总裁；阿彻丹尼尔斯米德兰（Archer Daniels Midland Company）的高管委员会成员兼集团首席风险官；CHS Inc. 国际业务总裁兼巴西业务总裁；在多家企业的董事会任职。

丹尼斯·罗宾逊（Dennis Robinson）——Mill Town Capital/Bousquet Enterprises 的总裁兼首席运营官；Envorso 的董事总经理；新泽西州州长办公室主任兼助理州务卿；世界一级方程式锦标赛美洲大奖赛（Formula 1 Grand Prix of America）的首席运营官；一家大型体育和娱

乐场馆（名称保密）的首席执行官；休斯敦大学体育总监助理。

斯科特·罗宾逊（Scott Robinson）——罗宾逊资源集团（Robinson Resource Group）的董事总经理；SearchWorks 的创始人；Kensington International 的管理合伙人；Bally Gaming 的人力资源副总裁；联邦信号（Federal Signal Corporation）的人力资源总监。

杰夫·罗德克（Jeff Rodek）——Hyperion Solutions 的董事长兼首席执行官；英迈（Ingram Micro）的总裁；联邦快递（FedEx）美洲区高级副总裁；担任多个董事会职务；俄亥俄州立大学菲舍尔商学院高级讲师。

迈克尔·舒茨勒（Michael Schutzler）——华盛顿科技产业协会（Washington Technology Industry Association）的首席执行官；CEOsherpa.com 的高管教练；Livemocha 的首席执行官；Classmates.com 的首席执行官；FreeShop 的创始人兼首席执行官；在多家企业的董事会任职；华盛顿大学福斯特商学院（Michael G. Foster School of Business；University of Washington）的顾问委员会成员和兼职教员。

迈克尔·斯佩格尔（Michael Speigl）——安阿伯地区丰田（Toyota）和斯巴鲁（Subaru）的经销商负责人；Prep & Me 的创始人；威廉姆斯汽车集团（Williams Automotive Group）的总裁；坦帕地区本田（Honda）的管理合伙人；密歇根大学罗斯商学院（Stephen M. Ross School of Business，University of Michigan）的副教授。

迈克·斯塔菲耶里（Mike Staffieri）——DaVita，Inc. 肾脏护理板块的首席运营官、高级副总裁，运营和新中心发展板块的副总裁。

安迪·托伊雷尔（Andy Theurer）——ARUP Laboratories 的首席执行官、总裁和首席财务官。

卡尔·汤（Carl Thong）——连续创业者，Sunstone Group、Momenta

Group、BankingON、Re:start Banking、Dytan Health 和 Dinning Buttler 等企业的创始人、总裁、合伙人、董事总经理；担任多个董事会职务；新加坡管理大学副教授。

格雷格·坦尼（Greg Tunney）——Manitobah Mukluks 的首席执行官、总裁和董事；Wolverine WorldWide 的全球总裁；RG Barry Corporation 的首席执行官；Phoenix Footwear Group 的首席执行官；俄亥俄州立大学兼职讲师；犹他大学大卫·埃克尔斯商学院（David Eccles School of Business，University of Utah）的兼职讲师；担任多个董事会职务。

史蒂夫·杨（Steve Young）——Huntsman Gay Global Capital 的联合创始人兼董事长；曾为旧金山 49 人队（San Francisco 49ers）橄榄球运动员，被评为"联盟最有价值球员"，入选 NFL 名人堂；ESPN "周一橄榄球之夜"（Monday Night Football）的体育评论员；作家。

目 录

回顾过去，故事构建在改造组织文化中发挥了关键作用。这其实并不奇怪，毕竟，组织文化的塑造和延续多半离不开员工之间互相传播关于企业及其价值观和规范的故事。由此可见，要想改变组织文化，你就需要改变员工彼此间分享的故事。

我们发现成功的文化变革几乎总是运用了多种变革模型——即使这些模型看似相互抵触。变革管理既是自上而下的，也是自下而上的。它既重视感性，也重视理性；既着眼于个人，也着眼于组织系统。有时候，它甚至同时显现了那些看似矛盾的变革管理特征。

我们将这种变革管理方法称为多元化的变革。我们访谈过的领导者都采取了这种多元化的方法来引导文化变革，因为他们认为这一方法很有必要。他们认为文化变革有一些特殊性，使得单一的模型或方法难以匹配变革。因此，他们借鉴了各种变革模型的要素。

第 3 章　构建真实的故事 /41

文化变革需要从构建真实的故事开始。而真实的故事必须体现你作为领导者的核心价值观和信仰、你对员工和其他利益相关者福祉的承诺，以及它们与企业的战略执行能力之间的关联。如此一来，真实的故事便能向员工展示你的真正为人，以及你想要达成什么样的目标。

第 4 章　做自己的故事的主角 /63

你不能只是空谈，你必须付诸行动。要做到这一点，你可以用一种直截了当（而且不容易改变）的方式，把你为文化变革构建的故事和你的个人身份紧密结合。换句话说，你必须成为你自己的文化变革故事的主角。

第 5 章　与过去决裂的故事暗含通向未来的道路 /85

你要用故事来推动组织的文化变革，就必须清楚地告诉大家，哪些固有的思维、行为和反馈模式已经不契合现在的情况，需要被淘汰，并介绍新范式。也就是说，你的故事必须与过去的组织文化彻底决裂，并且描绘出通向预期中的文化的道路。

第 6 章　在理智层面和情感层面构建故事 /109

组织文化在本质上是社会性的。组织文化之所以存在，是因为企业员工已经认同了一些价值观、信念和行为准则对符合文化一致性的人际相处方式做出的定义。改变这些价值观、信念和行为准则不仅涉及改变理性推理的问题，而且关乎改变员工对自身及其与他人关系的认知。要做到这一点，员工必须参与到文化变革中，不能只是在理智和逻辑上进行思考，还必须在深层的情感和个人层次上产生共鸣。

第 7 章　戏剧性故事的构建　/129

与构建故事的其他技巧一样，具有戏剧性是一种容易体会却难以言说的状态。一般来说，它是指公司的高层领导者在公众面前表现出一些与平时完全不同的行为，目的是突出他们想要实现的文化变革的某些重点。

第 8 章　让故事发生连锁反应　/145

要想真正创造出新文化，你必须让组织中的其他成员也参与其中，也就是让他们开始构建自己的文化变革故事。他们的构建，我们称为故事的连锁反应。只有当这些故事能够呼应并延续你已经塑造的故事时，这些故事的构建者才是真正地在与你携手共塑新文化。

第 9 章　让文化变革经久不衰　/167

要让文化变革持续下去，只构建故事是不够的，甚至只依靠故事的连锁反应也是不够的。你可能还需要调整组织中的政策和惯例，让它们与你想要建立的文化相协调。

第 10 章　如何构建自己的文化变革故事　/179

文化变革的秘诀在于构建一些故事，体现你想要塑造的文化。如果这些故事是真实的，以你这位领导者为主角，标志着与过去决裂，暗含通向未来的道路，触动了员工的理智和情感，具有戏剧性元素，并引发了故事的连锁反应，那么它们就可以用于推动文化变革。

第 1 章

构建故事以改变组织文化

我们对组织文化、战略和绩效之间的关系的认识如下所示：

> 文化与战略相契合的组织，其绩效远胜于文化与战略相悖的
> 组织。

当然，这并不意味着组织的战略微不足道。相反，至少在过去半个世纪，我们的商业史就见证了具有颠覆性的新兴技术和战略在一个又一个领域涌现并取得优势。[1]

这一模式已在诸多商业领域显现，无论是零售领域（西尔斯百货、沃尔玛、亚马逊），还是家庭娱乐领域（广播电视、录像带和 DVD、流媒体服务），抑或是电子产品领域（大型主机、个人计算机、智能手机），皆是如此。一些政府部门和非营利性质的组织的行动也体现了这一模式——比如，一些发达国家的政府直接向欠发达国家的政府发放援助；国际非政府组织（NGO）为欠发达国家的政府提供贷款，通过小额信贷直接支持欠发达国家

的创业活动。[2]

　　然而，这一时期的研究已经清楚地指出，只有与组织文化相契合，创新战略才能充分发挥它们的潜力。[3]你的企业或许开发出了一种令人兴奋的新产品或技术，或者采取了一种令人惊叹的新方式来销售或推广该产品或技术，但如果企业的组织文化与战略不相契合，那么战略的全部潜力将难以实现。

　　举例来说，如果一家企业的战略是致力于向客户提供高度创新的产品或服务，那么这家企业的组织文化必须鼓励员工团结协作、发挥创意、敢于冒险；如果一家企业的战略是致力于提供高质量的产品或服务，那么该企业构建的组织文化必须保证一切事务都遵循质量控制；如果一家企业的战略是致力于提供卓越的客户服务，那么这种服务必须成为该企业组织文化的重心；[4]如果一家企业的战略是致力于扶持欠发达国家的创业者，那么该企业的组织文化必须将其追求的利润与经济发展的成果挂钩。[5]

战略和文化错位

　　我们一致认为，为了实现绩效的最大化，企业的战略和文化需要相契合。但如果情况并非如此，企业该如何解决这一难题？

　　首先，企业可以改变自己的战略。虽然企业可以在一定程度上调整战略，使之更契合自身的组织文化，但彻底改变这些战略，让它们与组织文化相适应，可能会带来一些问题。举个例子，如果市场分析结果显示，为了提高企业绩效，你需要实施创新的产品差异化战略，而这样的战略与你们的组织文化格格不入，放弃这个战略可能会危及组织的绩效。毕竟，你之所以选择这个战略，是因为你深信它能够为你的企业带来竞争优势。[6]因为与组织文化不协调而放弃这样的战略，可能会导致十分严重的后果。

其次，企业也可以对这种战略和文化的"错位"视而不见，或者期待随着时间的流逝，组织文化在演变中逐渐与战略相契合。然而，经验告诉我们，你往往没有时间等待——你需要尽早地实施战略，杜绝拖延。此外，在组织文化演变的过程中，你可能会遇到这样的困境：你制定的战略需要你的员工做出一些改变，但现有的文化却让他们难以放弃原有的习惯。在这种情况下，正如彼得·德鲁克所说的，若旧文化与新战略相悖，那么"文化必会将战略吞噬于无形！"。

因此，如果组织的战略与文化格格不入，你往往别无选择，**只能改变组织文化！**

文化变革的挑战

如何才能改造组织文化呢？这是个值得探讨的问题！

一些杰出的组织变革专家对于改造组织文化表示怀疑。例如，我们不妨听听约翰·科特（John Kotter）对文化变革的见解：

> 有一种关于组织变革的理论在过去 15 年里广受关注，其要点在于，组织文化是使变革得以实现的最大阻力。所以，要想进行一场深刻的转型，首先必须改造组织的规范和价值观。只有当文化发生了根本性的改变，剩下的变革任务才会变得更加顺利和高效。这种理论曾经让我信服，但我在过去 10 年里的所见所闻都证明了它的错误。文化不是你能任意摆布的东西。你试图捕捉它并改变它的面貌，这样的企图只能是白费力气，因为你永远无法触及它的核心。[7]

虽然有人对此持悲观的态度，但也不乏各种图书和文章教你如何改造组织文化。[8]它们大都采用了当前盛行的一种或多种组织变革模型来应对文化变革的挑战。[9]而且，我们不难发现，这些变革模型对于我们认识和推进文化变革都有很大的帮助。

文化变革的秘密

我们探究文化变革问题，并非从剖析这些变革模型的内涵着手。相反，我们只是简单地向众多企业管理者请教了他们如何改造各自的组织文化。出乎意料的是，他们透露给我们的信息，在以往大部分的文化变革研究中都未得到重视。

> 要想改造你的组织文化，得从故事的构建着手。

这是改造组织文化的"秘密武器"——故事构建。

回顾过去，故事构建在改造组织文化中发挥了关键作用。这其实并不奇怪，毕竟，组织文化的塑造和延续多半离不开员工之间互相传播关于企业及其价值观和规范的故事。[10]由此可见，要想改变组织文化，你就需要改变员工彼此间分享的故事。

那么，你该如何构建能够变革组织文化的故事呢？

我们访问了众多企业管理者，他们告诉我们，要想通过编织故事改造组织文化，就要采取一些与现有组织文化"完全不协调"的举措——一些能够与过去划清界限并明确展现新文化未来发展方向的举措。这些举措很快就会演变成你想要构建的故事。这些故事会在组织内部迅速传开，员工会纷纷议论——起初是窃窃私语，后来则是激动地大声呼喊，"你听说我们领导干了什么吗？"。

总之，我们采访过的企业管理者并不是在"空谈"文化变革，也不是

"敷衍对待"他们期望实现的文化变革。相反，这些管理者以一种极具"感染性"的方式在整个组织中"实践"了相应的文化变革。他们之所以能做到这一点，是因为他们有目的、有意识地刻意采取了一些行动，构建了一些能够体现预期的涉及组织文化的故事，以及一些能够在组织中迅速传播的故事。对于这些管理者来说，故事的构建意味着"言行一致"。

我们把这个过程称为"故事构建"。有研究发现，故事构建通常是塑造组织文化的第一步。而组织文化的变革往往是有效地执行组织战略，充分发挥其潜力的关键环节。

故事构建，而非故事叙述

但是，请不要将故事构建和故事叙述混为一谈。毫无疑问，故事叙述在大多数组织中都是一种重要的现象。讲述简洁、生动、鼓舞人心的故事是一种激励员工、与员工沟通的好方式。[11]一位运动员如何战胜了看似无法克服的困境的感人故事，或者一位政治家如何为了纠正某个可怕的错误而顽强斗争的故事，或者一位企业家如何将一个晦涩的商业理念转化为一家《财富》500强企业的故事，都是极好的范例。

我们还向那些在组织中成功构建故事并实现文化变革的管理者请教了故事的构建方法。这也是本书得以付梓的前提条件。

但我们并不想利用这些故事来影响你的组织文化。我们并不希望用本书中的任何故事去塑造你的组织文化。如果你感兴趣，你可以反复揣摩这些故事，作为自身故事构建的范例。但要想改造你的组织文化，你必须构建自己的故事。我们的研究表明，如果你打算改造你的组织文化，你构建的故事必须具备一些属性。但归根结底，这些故事必须由你亲自构建。简而言之：

文化变革就是践行与新的组织文化契合、与旧的组织文化相悖的行为模式，让自己成为新的组织文化的化身。

即使你对未来的组织文化没有清晰的预设，即使你周围的人都怀疑你的理智，你也要坚持构建这些故事。文化变革就是利用故事来展现你想要塑造的组织文化。请阅读并思考下面的范例。

故事构建范例

❖ **故事 1-1**

利用客户服务失误来变革组织文化

◎马诺埃尔·阿莫里姆，Telesp（Telefonica）的首席执行官

在我担任巴西电信公司 Telesp 的首席执行官之前，这家公司一直处于政府的严格管控之下。我们只有一个目标，就是尽可能高效地达到政府设定的服务标准。我们在这方面做得很好。我们抢在其他巴西电信公司之前，达到了标准，并且创造了前所未有的利润。

在此时期，Telesp 形成了一种铁腕文化——令行禁止，有些"一言堂"的味道。政府向公司高管下达了他们必须完成的任务，高管要求员工照单全收，员工则只能唯命是从。这种文化让 Telesp 得以顺利地达到政府的要求，但也造成了高管团队的孤立，甚至是傲慢。这种傲慢的一种体现是，普通员工甚至不被允许和首席执行官同乘一部电梯。

在某个时间节点，我意识到 Telesp 面对的市场竞争局面将发生彻底的改变。在政府的扶持下，我们在圣保罗市场占据垄断地位，而这种局面即将瓦解，我们将不得不与同行一道竞争客户业务。我深知，我们需要从专注于服从政府设定的服务标准的"一言堂"文化转变为客户服务导向型文化，以

赢得和留住客户为目标，提供创新的电信产品和优质的客户支持服务。

起初，我们推出了一款名为 Speedy 的家庭互联网服务产品，这一新产品难免出现了一些成长的阵痛。为了应对出现的问题，我们专门设立了一条客户热线，客户可以通过这条热线获取关于 Speedy 的服务支持。但我并不知情的是，我们还为 Telesp 的高管开通了另一条热线，高管可以通过这条热线获取他们可能需要的"特殊帮助"，以确保 Speedy 的畅通运行。

在发现第二条热线的存在后，我毫不犹豫地关掉了它。如果 Telesp 的高管在使用 Speedy 的过程中碰到了麻烦，他们也必须像普通客户一样获取服务支持。

在此期间，我自己也体验了 Speedy，并且遇到了一些难题。于是，我拨打了客户热线。电话那头的年轻人很友好，也很尽力，但是经过两个小时的尝试，他仍然无法让我的 Speedy 正常工作。

最后，我对他说："告诉你一个秘密，我是 Telesp 的首席执行官，你今天的工作表现让我印象深刻。"

但他并不相信我的话。

我费了好大的劲，才终于让他相信我的身份。然后我问他："要想解决我的难题，需要 Telesp 给你提供什么样的帮助？"

这位 19 岁的小伙子条理清晰地说出了他的要求，他需要 14 项帮助才能搞定我的难题。我说道："你对如何搞定 Speedy 的使用问题似乎很在行。你能否参加公司下一次的高管会议，并且和大家分享你刚刚透露给我的这些要求呢？"

我费了一番功夫才说服了他。两周后，这位年轻人——他是我们呼叫中心分公司的一名小时工——向高管做了一次报告，介绍了我们需要解决的 14 件事，以帮助 Speedy 的客户更好地使用这款产品。我对他表示了感谢，之后请他离开了会议。

　　我随即对分管 Speedy 的高级经理发问："这 14 件事你了解几件？"他回答说："差不多一半。"我又对其他高管表示："从今天开始，我们停止销售 Speedy。我们不会继续出售一款我们无法保障售后服务的产品。此外，希望在我们下一次的会议上，Speedy 团队能够拿出一个方案，告诉我们如何解决这 14 个影响客户使用体验的难题。只有在这个方案付诸行动后，我们才会重启 Speedy 的销售。而且我会邀请刚才的那位小伙子，以及他在呼叫中心的同事，参加下一次的会议，以确保你们提出的方案能够应对他指出的问题。"

　　两周后，方案被呈报了上来。随后，它在公司内部全面落实，我们也恢复了 Speedy 的销售。后来，我把那位呼叫中心的年轻人录用为公司的管理培训生，Speedy 也成为一款广受欢迎的产品。

　　这是一个精彩的故事。它涵盖了一个好故事的所有核心元素——背景、人物、情节、矛盾和结局。实际上，它简直是一个典型的"白手起家"的故事：呼叫中心一位年轻的无名小卒被提拔，向组织的佼佼者们介绍公司的真实情况。[12] 这个故事既有意思又振奋人心，几乎像电影剧本的大纲。

　　但这个故事并没有结束，它开启了 Telesp 改变组织文化的历程，在 Telesp 内部广为流传。最终，它被巴西的顶尖商业杂志作为封面文章发表。每当这个故事得到讲述和传播，都向 Telesp 的员工发出了一个清晰的信号："Telesp 以往的'一言堂'文化已经终结。我们正在塑造一种新文化——齐心协力，为客户服务。"它给公司员工——那些多年从未被征求过公司运营改善意见的人——带来了一丝希望：他们的想法可能真的会被重视。

　　但带来变化的不仅仅是这个故事。这个故事激起了一种连锁反应——组织的内部成员开始觉得自身有权利重新塑造其所在业务部门的文化。在这个过程中，他们构建了自己的故事，而这些故事又激发了其他的故事，环环相扣。同时，马诺埃尔也没有满足于这一个故事——他构建了其他的故事，它们都传达了一个简单的信息："Telesp 原有的组织文化已经消亡，基于员工敬业度和以客户为中心的新的组织文化已经降临。"

Telesp 的组织文化焕然一新，成功实现了转变。因此，它不仅能够抵御新的竞争格局和新的电信技术带来的风暴，而且能够在风暴中蓬勃发展。它成为巴西最成功的电信公司，而那些固守"一言堂"文化的电信公司的表现一落千丈。

另外，值得注意的是，在这次文化变革的起始阶段，领导者并没有为新文化制定某些确切的新价值观，没有明确这些价值观的定义以及如何落实若干培训计划，没有提出与这些新价值观相协调的各种激励措施。相关举措和政策在后来才出台，[13] 而彼时，领导者通过自己的行动表明了，他们已经义无反顾地投身于这场文化变革。

搭建文化变革故事的数据库

虽然马诺埃尔的故事很精彩，但这只是一个案例，不少文献中都有类似风格的故事构建案例。如果想要验证故事构建对文化变革的作用，而且不仅仅局限于一些特殊的情况，我们就需要搭建一个更全面的故事数据库。而这正是我们一直在推进的项目。

我们开发的数据库涵盖了从与 50 多位管理者的访谈中总结出的 150 多个故事。这些管理者中有不少人是像马诺埃尔那样的首席执行官，他们大多来自大中型企业。数据库也囊括了全球大型企业的部门总经理，大中型企业销售、制造、供应链等板块的领导者，工厂经理，小型企业的创始人，大学学院的院长，等等。

我们访谈的一些管理者发现，他们的组织文化与他们追求的战略不匹配，于是他们构建出相应的故事来变革组织文化，使之与战略相契合。另一些管理者则否认出现这样的不匹配，或者尝试了在没有故事支撑的情况下改造组织文化。还有一些管理者试图通过故事构建来改变他们的组织文化，但是未能如愿。样本中的这些结果差异，让我们能够识别领导者需要构建哪些种类的故事，才能改变他们的组织文化。[14] 相关分析在本书各章节都有所体现。

理想的文化变革故事具备的属性

管理者构建的一些故事成功实现了组织的文化变革，这些故事所具备的六大属性见表 1-1。马诺埃尔构建的用以变革 Telesp 组织文化的故事是如何体现这些属性的，我们将在本节简要概括。本书的大部分内容都在研究管理者构建的故事如何与这六大属性相结合。

表　1-1

理想的文化变革故事具备的属性
1. 故事的塑造源于真实事件
2. 故事的主角是领导者
3. 故事标志着与过去的彻底决裂，并指出通向未来的明确道路
4. 故事能够触动员工的理智和情感
5. 故事的塑造往往具有戏剧性
6. 故事在组织内部广为流传

故事的塑造源于真实事件

在改变组织文化的过程中，最大的一个难题在于，员工和其他利益相关者常常不明白领导者对文化变革的决心有多大。因此，他们会密切关注领导者的每一个举动，细心解读领导者的每一次发言，苦心寻找他们对文化变革承诺的边界。如果察觉到文化变革口号与领导者的实际行为不符，他们往往会选择"旁观"领导者的文化变革实践，因为他们认为这些努力恐怕难以为继。

所以，领导者要想构建能够引领组织文化变革的故事，他们的行为就必须符合其最深沉的个人信仰——他们作为人的本质，他们在组织中最珍视的价值观，以及他们如何看待组织文化与绩效之间的关系。也就是说，要想顺利实现文化变革，你对文化变革的承诺和你为推动这种变革而构建的故事必须是真实的。

幸运的是，正如我们将在第 3 章中阐述的那样，并非完美地践行一种新文化才能引领文化变革。相反，有时候，你的不完美，你未能符合自己的最高价值准则，反而可以成为开启文化变革的契机。

不过，即使你偶尔可能无法完全践行自己的价值观，你也必须使员工坚信，你在内心深处已经完全投身于这场文化变革。这就意味着，你为了塑造组织文化而构建的故事，必须与你的真实面貌、你的价值取舍，以及你对组织文化和战略之间关系的认识相契合。

可想而知，正如我们将在第 3 章中展示的那样，这种故事的构建几乎总是会提高你在组织中的个人风险。

所以，在着手构建一个故事，开启 Telesp 的文化变革进程之前，马诺埃尔必须确认，一种摒弃等级制度、以客户为中心的文化对他的公司来说是一种具有竞争性的必需品。他必须愿意与下属进行必要的坦诚对话，以促使这场文化变革的发生。他必须面对这样一个现实，即他的一些员工（包括一些在原有组织文化中成绩斐然的员工）可能会在这场文化变革的风暴中被淘汰。此外，他必须在原有组织文化的缺陷还没有完全暴露之前，就坚定地决意改变组织文化，即使他明白，他努力打造的新文化所能带来的绩效提升可能要等待一段时间才能实现。

如果马诺埃尔对改变 Telesp 的组织文化所带来的相应影响不甚满意，

那么他就有可能不会坚持文化变革，尤其是当这场变革比预期的更漫长或遭遇更大的阻力时。员工可能会察觉到这种对文化变革的模棱两可的态度，然后静观马诺埃尔的"虚假承诺"消失，旧有组织文化重新占据上风。

马诺埃尔对文化变革的承诺发自内心，所以他为了推动文化变革而构建的故事也赢得了员工和其他利益相关者的信任。

故事的主角是领导者

我们已经指出，一些关于杰出的运动员、无私的政治家和白手起家的企业家的故事可能会很吸引人和鼓舞人心。但是，推动文化变革的故事不应是关于他人的，而应是关于身为企业领导者的你的。如果你要构建故事来变革组织文化，你必须在这些故事中"扮演主角"。你的言行是构建故事的关键，你的故事则是展现你对文化变革的坚定信念的唯一载体。

这并不意味着你是故事里唯一的主角。老练的故事构建者通常会让其他员工参与或见证这些故事的发生。这有助于在你的企业内部分享这些故事，也有助于激起连锁反应，让其他组织成员能够构建他们自己的故事。

马诺埃尔虽然不是上面故事中唯一的"主角"，但他是最重要的角色。没有他的行动，就没有这个故事，没有这个故事，就难以实现必要的文化变革。但马诺埃尔在构建这个故事的过程中并不孤单——其中一些关键的故事情节发生在高管会议中。这有助于在 Telesp 内部激起故事的连锁反应——对于改变组织文化会起到关键的作用。

故事标志着与过去的彻底决裂，并指出通向未来的明确道路

文化变革不是"一如既往的业务"，相反，它是"打破常规的业务"。所以，你构建的故事必须基于你自身的行为，这些行为应明显违背当前组织文化所倡导的主流价值观、信仰和规范。此外，这些行为必须是有意识的，

甚至是引人注目的、激进的。

你的行为还必须指明一个清晰的前进方向。这个方向不一定要很具体——事实上，正如我们在后面（第 9 章）将要提及的，对一家企业未来的文化有一种过于细致的设想，反而会阻碍这一文化目标的实现。强行向你的员工灌输一种新的组织文化，反而会适得其反。但是，你的故事必须指出一条通往新文化的道路，这种新文化应在一些关键的方面与现有的文化有所不同。

由于这些原因，很少有管理者只需构建一个故事就能改变组织文化——尤其是根深蒂固的组织文化。所以，不仅你的第一个故事要表现出与过去的彻底决裂，并指出通向未来的明确道路，你的第二个、第三个、第四个，以及你在未来构建的更多的故事也必须如此。

构建第一个故事的时机也很重要。你可能听过这句话："别没事找事。"但是，如果等到组织文化影响了企业业绩才着手构建第一个文化变革故事，那么可能就为时已晚。组织文化及其与企业业绩之间的关系，需要持续地评估和适时地调整，你构建的故事将帮助你完成这个任务。

马诺埃尔身为一家极其集权、极其层级分明——但又极其成功——的组织的首席执行官，他必须证明，过去那种强调自上而下的决策来应对政府施加的绩效目标的文化必须让位于一种以客户为中心的协作文化。而且，他必须在等级文化开始妨碍企业满足客户的需求之前完成这一任务。他让小时工向高管展示了一线员工对企业问题的分析，从而促成了这一转变——可以说，他彻底改变了 Telesp 的文化。这是与过去的一次彻底决裂，也指出了通向未来新文化的道路。

故事能够触动员工的理智和情感

文化变革故事必须展现新文化与企业财务绩效之间明确的联系。它必须建立在这样一个前提之上，即文化变革不是"一时兴起"，而是企业为了自身的生存和经济成功，理性地、坚决地做出的一项选择。也就是说，文化变革故事必须触动员工的理智。但是，由于文化变革牵涉改变员工和其他利益相关者的情感与观念，文化变革故事也必须触动他们的心灵——感染他们的情绪，呼应他们的最高价值准则，唤醒亚伯拉罕·林肯（Abraham Lincoln）所说的"本性中善良的天使"。这样，变革组织文化的努力就不只是一种单纯的经济举措，也是号召员工参与一项崇高事业的呼吁。

马诺埃尔分析了放松管控后的竞争环境，提出了一个强有力的逻辑，说明了这家企业的旧文化与新的竞争现状之间根本不匹配——这是一种让人信服的论证。通过让一位"弱势"员工来领导一场源自客户服务的变革，马诺埃尔也触动了员工的情感。

故事的塑造往往具有戏剧性

这样的故事很吸引人。它们有着跌宕起伏的情节——有正义的一方和邪恶的一方。构建这些故事的手法非常惊艳，让员工在企业里，无论是面对面还是在线上，忍不住要谈论——就像好电影或好游戏一样。在构建故事的过程中，领导者要做一些"在企业里不可思议的事情"，或者至少是前任领导者不曾涉足的事情——比如穿奇装异服、唱歌跳舞、演滑稽戏等。这样做当然也是有风险的。

有时候，领导者为了构建故事而上演各种戏码，会觉得自己这样很傻。但这是有意义的戏码——能让大家看到一种新文化，而且还很有趣。这种行为也告诉大家，领导者是多么坚定地要改变组织文化。

马诺埃尔的故事讲述了一个典型的"白手起家"的奇迹——这种故事一直深受人们喜爱。无论是在狄更斯（Dickens）的名著《远大前程》（*Great Expectations*）里，皮普（Pip）如何摆脱贫困成为有钱人，还是在《洛奇》（*Rocky*）里，洛奇·巴尔博亚（Rocky Balboa）如何走出费城的贫民窟，夺得世界重量级拳王的金腰带，抑或是一位热线客服人员教 Telesp 的高管如何修复产品的问题，都是同样的基调。但是，马诺埃尔的故事更加震撼人心，因为这是真实发生的。而且，这个故事源于首席执行官不顾身份，亲自在电话里花了两个小时试图解决一些技术问题——这可不是一位首席执行官应该做的事情。

故事在组织内部广为流传

文化变革并非悄悄地在暗地里发生，它需要企业大多数员工和其他利益相关者的参与。所以，为了推动文化变革而构建的故事也要公开传播。优秀的文化变革故事将广为流传，而有远见的领导者会抓住各种时机和场合来反复讲述这些故事。

反复讲述这些故事也可以激发员工构建自己的故事。这样就能形成故事的连锁反应，最终有助于改造组织文化。

马诺埃尔的故事是在企业的高层会议中诞生的——这是一个众目睽睽的场合，然后这个故事迅速传遍了整个企业。此外，它还被刊登在企业的内部刊物上。而且，这个故事的影响——客户服务板块的改革，也是人尽皆知的。后来，这个故事还登上了巴西最有影响力的商业杂志的封面——不光是Telesp 的员工知道这个故事，其他利益相关者也都知道。[15]

我们的研究发现，结合文化变革故事的这六种属性，能够极大地增加领导者成功引领团队进行文化转型的概率。其实，我们所了解的大部分成功的文化变革故事，都拥有这些属性中的绝大多数，甚至是全部。

文化变革只是首席执行官的事吗

当然不是！组织文化是组织战略和组织业绩的桥梁。组织战略是组织开展的一系列活动，目的是赢得竞争优势。要达到这个目的，这些活动必须让组织赚取更多的利润或者花费更少的成本，并且必须做到让当前和未来的竞争对手无法轻易地效仿。[16]

然而，这些战略性的活动并不局限于组织的某一个层面。例如，一位首席执行官可能会采取一些措施，让组织的产品与市场中的竞品有所差异，从而获得竞争优势。各个部门的负责人和工厂或办公室的主管也可以通过实施高标准的生产流程、设计有效的营销方案、制定有针对性的培训项目等方式来实现这一目的。同样，组织内部基层的业务负责人也可以在协同改进各种组织流程和实践时发挥类似的作用。

总之，战略和竞争优势不是只有首席执行官与其他高管才能操心的事情。在最优秀的企业里，战略和竞争优势是每一名管理者都要有所担当的事情。

这就意味着，组织里的每名管理者都有机会做出有战略意义的贡献，但他们也必须关注他们所管理的组织部门的文化是否与他们为了获取竞争优势而制定的战略相契合。如果存在不和谐的因素，那么这些管理者就应该调整他们的文化——本书所介绍的故事构建正是一种有效的方法。

文化变革只适用于营利性组织吗

当然不是！任何一个组织——无论是营利性组织、非营利性组织，还是非政府组织、政府机构——只要有想要达成的目标或理想，那么文化变革对于这个组织的领导者来说就可能是必要的。

如果你想要通过一些措施来提升组织业绩，但这些措施与组织文化相冲突，那么你就会面临相关难题。在这种情况下，无论你身处营利性组织还是非营利性组织，你都有必要调整组织文化，而本书所介绍的故事构建正是一种有效的方法。

本书的主题是文化变革，而不是理想的组织文化

在详细介绍我们的研究成果之前，你需要明白这本书与以往大部分关于组织文化和企业业绩的图书有何不同。这些图书中的大多数都试图定义一种理想的组织文化，认为大多数（甚至所有）的企业都应该追求这种文化。这些图书暗示你，要将你的组织文化与这种理想的组织文化做比较，并按需调整你的组织文化。

这种寻找理想的组织文化的做法源于本章开头引用的一些早期的研究，它们探讨了组织文化、战略和业绩之间的关系。虽然我们承认这些研究的价值，但本书的目的**不是**描绘一种理想的组织文化。我们认为，组织文化的优劣，取决于它是否与组织正在执行的战略相契合——不同的战略需要不同的文化来支持。因此，如果组织的战略各有不同，那么一种适用于所有组织的理想文化就不太可能存在。

与那些图书相反，本书旨在指导你在组织文化和组织战略不协调时，如何改造你的组织文化。我们研究了那些成功地将组织文化从高度等级化转变为更加开放的风格，或者反其道而行之的企业；我们研究了那些成功地将组织文化从技术导向型转变为用户导向型，或者反其道而行之的企业；我们研究了那些成功地将组织文化从注重低成本和高效率转变为注重产品差异与创新，或者反其道而行之的企业。问题的关键在于，本书不会为你的企业设定一种理想的组织文化。本书旨在教你如何调整组织文化，使其与组织战略相协调，无论具体的调整如何。[17]

我们的出发点在于，作为组织的领导者，你最了解：①需要采取何种战略来提高组织绩效；②你的组织拥有什么样的文化才能有效地执行你的战略；③当前的组织文化是否与组织战略不协调，需要调整。我们的目标是帮助你构建故事，并在必要时改变你的组织文化。

我们的方法

我们是如何发现理想的文化变革故事具备的六个属性的呢？我们用了18个月的时间，采访了50多位来自不同领域的领导者，他们有的担任总裁，有的担任首席执行官，有的担任分管副总裁，有的是创业者。他们中的一些人曾经尝试过改造自己的组织文化。我们从他们那里收集了150多个关于文化变革的故事，经过仔细分析，最终发现了这六个属性。

正如我们之前提到的，我们为这项研究而采访的领导者，并不都有意改造他们的组织文化。而且，即便有这样的意愿，也不是所有人都采用构建故事的方式来实现这一目标。更何况，并非所有通过构建故事来推动文化变革的领导者都能取得预期的效果。简而言之，我们收集的数据并非仅源于那些通过故事构建而成功改变组织文化的案例。这样，我们便能够识别出与成功的文化变革正相关的故事的特征。

我们通过三种途径确定了参与访谈的领导者。首先，本书的三位作者都有多年与领导者合作的经历，曾经在不同的组织层次、不同的行业、不同的国家工作过。我们找到了一些过去有过合作的领导者，邀请对方参与访谈。其次，本书的两位作者（马诺埃尔和卡洛斯）是青年总裁组织（YPO）的成员，二人邀请了自己在这个组织中的熟人来参与访谈。最后，马诺埃尔是杨百翰大学万豪商学院国家咨询委员会和哈佛商学院校友会的成员，这两个组织也为我们提供了一些访谈对象。在邀请访谈对象时，我们会告知对方，访谈的主题是探讨他们作为领导者，如何尝试改造他们的组织文化。

为了完成本研究，我们利用 Zoom 这个在线平台，与每位受访者进行了长达一个小时的深入交流。在每次访谈开始前，我们都会向受访者阐明研究的目的，并询问对方是否同意在书中公开自己和所属企业的名字。大部分受访者都同意公开自己和企业的信息，也有人提出有一些细节需要我们保密。

我们尊重了他们的意愿，并满足了少数受访者的匿名要求。[18]

我们对访谈进行了录音和转录，然后将转录内容按照文化变革故事的类型进行分类，这些故事都是受访的领导者在其职业生涯中构建的。平均而言，每位用故事构建来推动文化变革的领导者都讲述了四个故事。

我们对数据库中约半数的故事进行了剖析，总结出了理想的文化变革故事具有的六个属性。接着，我们以这些属性为标准，对数据库中余下的故事进行了评估，以验证这些属性的普遍适用性。有些故事只涉及一两个属性，这些"零散的故事"或许引人入胜，但对我们全面理解文化变革的过程帮助有限。而且，并非所有具备五六个属性的故事都能够促成一次成功的文化变革。但我们的分析数据印证了这样一个观点，即这六个属性能够助力一次成功的文化变革。

我们没有花费精力去验证这些故事中的事实。这些故事在组织中传播、演绎，而且每次演绎的内容都可能会有所不同。我们很快就明白了，我们永远无法客观地揭示一家企业具体的故事构建过程。下面的故事很好地印证了这一点。

❖ 故事 1-2

奶酪还是甜甜圈

◎安迪・托伊雷尔（Andy Theurer），ARUP Laboratories 的
首席执行官、总裁和首席财务官

我在担任 ARUP 的首席财务官期间，对不诚实和欺诈行为绝不姑息。我们的业务是医学实验室检测，我们的责任是以安全和道德为标准，准确并及时地完成检测，同时保守客户的秘密。在这种情况下，不诚实和欺诈绝不能被容忍。

相关问题早在多年前就出现了，当时有一位员工向我讲述了这样一个故事。她带了一袋手撕奶酪条到办公室，存放在休息室的冰箱里，等她想要享用奶酪时，却发现奶酪早已无影无踪。几天后，她又带了一袋手撕奶酪条到办公室（她应该是对手撕奶酪条情有独钟），放在公用的冰箱里。再次过来时，奶酪又一次不翼而飞。她第三次这样做，结果还是一样。显然，有人在偷吃她的奶酪！

为了解决这个问题，我们决定在休息室安装一个简易的摄像头。在摄像头安装好后，她又带了一袋手撕奶酪条来到公司，结果恰好如预期的那般，奶酪又被偷走了。不过，这次我们有了视频证据，可以清楚地看到是谁偷走了她的奶酪。居然是一个 IT 部门的员工。

我把那个"嫌疑人"叫到了我的办公室，告诉他有人偷走了公司员工的奶酪，打算给他一个自首的机会。但他无动于衷。然后我告诉他，我们有视频证据可以证明是谁偷走了奶酪，他还是没有承认。最后，我把视频放给他看，他仍然沉默不语。

我立即解雇了他——不是因为偷走手撕奶酪条是多么严重的事情，而是因为公司对不道德的行为实行"零容忍"政策，而且他也不肯承认自己的错误。我们不能姑息这种行为。

后来，我们发现他竟然还偷窃并变卖实验室的笔记本电脑。所以，奶酪偷窃事件只是问题的冰山一角。但通过这个故事，我在公司里树立了对不诚实、不道德行为绝不姑息的形象。

有趣的是，多年以后，我成为 ARUP 的首席执行官后，我的一个直属下级告诉我，他从一些公司传闻中了解到了我对公司内部不诚实、不道德行为的"零容忍"态度。在这些传闻中，我曾经当众解雇了一名员工，仅仅因为对方拿走了休息室柜台上一盒零食中剩下的一个甜甜圈。

我笑得前仰后合。一个人屡次偷走手撕奶酪条还有笔记本电脑的故事，怎么就变成了拿走甜甜圈的故事，我永远也搞不明白。而且，我也不太可能因为一个人拿走休息室柜台上一盒零食中剩下的一个甜甜圈就解雇他，但这两个故事——奶酪的故事和甜甜圈的故事——都体现了在 ARUP 始终至关重要的核心组织价值：我们全心全意地坚守诚实和道德的原则。

因此，故事的要点不在于故事构建时到底发生了什么或没发生什么，而在于这些故事对于改变企业的文化意味着什么。从这个角度看，我们数据库中的故事可被视为“组织神话”（就像人类学家使用“神话”这个术语一样）：无论这些故事是否真实地反映了组织内部发生的事情，它们传递的关于在新的组织文化中应该盛行的主流价值观、信仰和规范的信息，才是这些故事最精彩的地方。[19]

毫无疑问，这些访谈的内容，包括对组织是否真正实现了文化变革的评估，体现了访谈对象的个人倾向和偏好。然而，多轮访谈和多个故事中显现的规律，使我们对最终的结论有了信心，无论这些个人倾向和偏好如何。

为了让书中的故事更加易懂，我们对它们进行了一些修改，这使它们与我们在访谈中听到的原版故事有所区别。出于礼貌，我们把改动过的故事呈现给了故事讲述者，并请那些人核实故事中的重要事实与他们讲述的是否相符。我们虽对故事进行了一些微小调整，但基本上，我们的访谈对象都乐意让他们的故事被重新讲述，不遮不掩，以帮助其他人学习如何在自己的组织中推动文化变革。

我们收集和分析的故事并没有全部收录在本书中，因为这些故事实在太多了，无法一一呈现。然而，这些故事对我们总结理想的文化变革故事具备的六大属性发挥了实质性的作用，对我们的研究过程而言不可或缺。

第 2 章

为什么文化变革有所不同

变革管理是现代组织的领导者最关键的责任之一。因此，组织变革的管理过程被广泛地记录、研究和阐述。这并不奇怪。在这些工作的基础上，人们开发了多种多样的模型，阐述了如何有效地推动组织变革。

这些不同的变革模型有一个共同点：和其他模型往往不兼容。

例如，有些变革模型把组织变革看作一种自上而下的过程——只有由一个拥有明确的变革目标和强大的影响力的强势或魅力型的领导者引领，变革才能成功。有些变革模型将组织变革视作一种自下而上或"草根式"的过程——只有始于个体员工反思和改变自己的变革，或者始于组织内部的小团体改变，自身作风和价值观的变革，才能成功。这类模型认为，当这些个体和小团体的变化达到临界点，改变了整个组织的价值观和行为模式时，组织变革随即产生。[1]

另有一些变革模型认为组织变革主要是一种深刻的个人情感过程——要实现成功的变革，就必须改变组织利益相关者的切身体验及其对与组织之间的关系的感受。这类模型认为，组织变革应通过多种指标来衡量，其中一个指标便是员工对组织的情感投入程度的变化。另一些变革模型认为组织变革主要是一种基于逻辑和理性的过程——成功的组织变革需要清晰地传递这些信息：组织内部存在的问题，为什么这些问题对组织的业绩至关重要，以及拟定的解决方案将如何应对这些问题。在这类模型中，员工对变革的态度不重要，重要的是他们对拟定的解决方案能否真正有效地解决重大的组织问题的判断。[2]

最后，还有一类变革模型既不着眼于变革过程的纵向维度（自上而下或自下而上），也不看重变革过程的情感维度（更重视员工的感受抑或是员工的理性结论）。这类模型转而重视组织的多个属性的协调，以使它们共同推动组织有效地达成预定目标。这类"系统"变革模型的区别在于不同的组织元素，这类元素需要协调方能形成组织效能。这些元素可能位于组织层面，也可能位于个人层面。这类变革模型强调，组织必须被视作一个完整的系统，不能把系统的某一部分与其他部分孤立开来进行变革。[3]

这些变革模型的主张可能都有一定的道理。或许它们各有所长，适用于不同的场合、不同的组织变革形式。也许正在进行的相关研究能够明确适用的场合，并化解不同模型之间的矛盾。

也许并不能。

事实上，我们通过研究了解到，变革组织文化并不必拘泥于任何一种变革模型。我们的目的不是对比哪个模型更优。我们所做的只是询问了一群领导者他们如何尝试改变他们的组织文化。

从他们努力改变组织文化的过程来看，我们发现成功的文化变革几乎总是运用了多种变革模型——即使这些模型看似相互抵触。变革管理既是自上而下的，也是自下而上的。它既重视感性，也重视理性；既着眼于个人，也着眼于组织系统。有时候，它甚至同时显现了那些看似矛盾的变革管理特征。

　　我们将这种变革管理方法称为**多元化的变革**。我们访谈过的领导者都采取了这种多元化的方法来引导文化变革，因为他们认为这一方法很有必要。他们认为文化变革有一些特殊性，使得单一的模型或方法难以匹配变革。因此，他们借鉴了各种变革模型的要素。[4]

　　实际上，我们的研究发现，那些坚持使用一种模型（例如，单一的自上而下或者自下而上的模型，而不是兼顾两者）来改造组织文化的领导者，取得的变革效果往往不如那些采用多元化方法的领导者。而且，是否会取得这样不佳的效果并不取决于他们偶尔倾向于哪种变革模型。他们或是只关注自上而下或者自下而上的变革，或是只关注变革的感性或者理性维度，抑或只关注文化变革的系统性——在所有这些情况下，相较于只依赖单一的变革模型的文化变革尝试，综合运用多种变革模型的各种要素将取得更为理想的效果。

为什么文化变革需要多元化的变革管理方法

　　为什么组织的文化变革需要多元化的变革管理方法呢？我们的研究发现，组织文化有五大特征（见表 2-1），而这些特征导致任何单一的变革管理方法都难以奏效。

表　2-1

为什么文化变革需要多元化的变革管理方法
1. 组织文化在组织内部普遍存在
2. 组织文化是一种无形资产
3. 文化变革威胁组织现状
4. 文化变革快慢不定
5. 文化变革是对领导者决心的一次考验

组织文化在组织内部普遍存在

　　组织文化通常在组织内部普遍存在。这就意味着，对于"谁负责塑造组织文化?"这个问题,通常的答案是:组织中的**所有人**都是组织文化的塑造者。组织文化并不是某一个人的想法,也不是某些有影响力的管理者的意志。相反,它是组织内部众多乃至绝大多数员工的共同心声。它是组织集体认同感的一部分,也是一种共享的资源。正是因为组织文化在员工中得到了广泛的认同,组织文化才能对你实施企业战略的能力产生如此深远的影响。

但是,当每个人都对组织文化负有责任时,就没有人真正对组织文化负责了。当你的企业出现生产质量问题时,你知道该找谁——分管生产的副总裁。当你的产品在市场上得不到你需要的认可时,你知道该找谁——分管市场营销的副总裁。当你无法招聘到你想要的员工时,你知道该找谁——分管人力资源的副总裁。但是,当你需要改变组织文化,以便更有效地执行企业战略时,你该找谁?捉鬼敢死队? [5]

也许有些领导者认为他们对自己的组织文化负有责任。当然,作为一名领导者,你可以对组织文化及其演变起到关键的作用。在这种意义上,为改变组织文化而进行的尝试是自上而下的,因为它们通常是由领导者发起的。

然而,如果你的组织文化只属于"你",而没有在员工中传播,它对企业战略执行能力的影响就会微乎其微。你必须找到相应的方法,让员工加入文化变革的行动中,使他们领悟和赞赏新的组织文化,并能够运用它来推动企业战略。从这个意义上说,为改变组织文化而进行的尝试不只是自上而下的,也是自下而上的。

在研究中,我们发现许多领导者自上而下地启动了文化变革的过程,但有意保留了许多文化变革的待定细节——包括他们想要构建的组织文化的确切性质。然后,领导者邀请员工与他们携手打造新的组织文化,这是一个明显具有自下而上或"草根式"特点的过程。的确,正如我们即将展示的,若一次自上而下的组织文化变革在本质上是自下而上的,你就可以预见它将会成功。

作为一名领导者，你可以启动组织的文化变革并对其起到关键的作用，在这种意义上，文化变革的行动必须是自上而下的。但是，由于员工必须与你共同打造这种新的组织文化，文化变革的行动也必须是自下而上的。单纯的自上而下或自下而上的变革模型似乎难以有效地改变某一企业的组织文化。

组织文化是一种无形资产

与对企业财务业绩有着重要影响的其他资源不同，组织文化是一种无形资产。它是在缺少正式规章和政策或者它们无法提供指导时，引导员工行为的价值观、准则和信仰。因此，组织文化是一种社会构建——文化在效果上是真实存在的，主要植根于员工的思想和观念。[6]尽管组织文化可以对企业的战略实施能力产生深远的影响，但它仍然是一种"隐形的财富"。[7]

由于组织文化植根于员工的思想和观念，文化变革就意味着改变员工的思想和观念，这是不可避免的。通过这种方式，文化变革可以影响员工最重视的工作理念和价值观——他们对公司的认同感，他们的敬业度，甚至他们对你这位领导者以及对组织的整体忠诚度。这意味着组织变革涉及深层次的感性和个人层面，以及文化变革的过程必须触动员工的情感。

与此同时，改变这种"隐形的财富"对你提高战略的执行能力可能至关重要。而且，如果你的企业要获得竞争优势，企业战略的成功执行是必不可少的一步。组织文化、战略执行、竞争优势和企业业绩之间的联系，无疑是理性的和利润导向性的。只触动员工情感的文化变革，难以换来业绩增长、工作稳定或增加就业机会，而能够触动员工理智和情感的文化变革，或许能够实现这些目标。

正如第 6 章所述，成功的文化变革需要同时触动员工的理智和情感，并提升你通过实施组织战略获取竞争优势的能力。因此，文化变革必须兼顾员工的理智和情感，只关注员工的情感，或者只关注他们理性的利润追求，这样的变革管理方式难以有效地改造你的组织文化。

文化变革威胁组织现状

改变组织文化常常会颠覆与旧文化相关的许多既定的做法和规定。旧文化中的"赢家"可能会成为新文化中的"输家"。在旧文化中被排斥的边缘群体可能会成为新文化中的核心或中坚力量。在旧文化中与你亲密无间的朋友或盟友可能会在新文化中成为疏远的泛泛之交，甚至是对立的敌人。从这个意义上说，文化变革会"扭转整个局面"，打乱员工熟悉和习惯的组织模式。

以往的研究指出，大多数人都反感任何形式的变化，尤其是那些会影响他们自身和他们在组织中的朋友或盟友的地位的变化。这种变化会让人产生恐惧感。即便是喜欢变化的人，也不愿改变他们喜欢变化的心态。[8] 而几乎每一次组织变革都会破坏现状，强迫员工改变他们对工作环境运作方式的理解。因此，几乎每一次组织变革都至少会受到一部分员工的抵制。

但是，组织的文化变革会激起更猛烈的抵制！文化变革不仅仅会改变工作的方式和制度——这些在经济上看似合理的改动，对一些员工来说已经是苦不堪言了。它还涉及改变企业的定位和愿景，以及员工与企业的情感联系方式。文化变革不仅会动摇人们工作的方式，而且会动摇人们工作的理由，因此相较于其他任何类型的组织变革，都更容易遭到抵制。

因此，要改造组织文化，你需要采取一种变革方法，这种方法既能够洞察在个人和情感方面的抵制原因，也能够理解在理性和经济方面的抵制动机。只有这样，才能有效地应对这两种抵制的根源。否则，成功的可能性就会大打折扣。

文化变革快慢不定

一些组织变化，如变更预算、晋升员工、变更人力资源政策，可以迅速完成，而另一些组织变化，如建立新厂、优化供应链、改变产品定位，可能需要更长的过程。

然而，组织的文化变革往往快慢不定。这为管理文化变革带来了非同寻常的挑战。

如果组织中的某些部门，例如特定的办事处、工厂、工作小组，能够及时地改造其文化，文化变革的速度就会加快。这些部门的业务管理者有时能够有效地传递他们的文化愿景，并且得到员工的支持，大家共同打造新的组织文化，且效率高于组织的整体效率。这类自下而上的变革可以为文化变革带来一系列的短期成效，并且在改变企业整体文化的过程中产生一种推动力。

然而，仅仅取得这些短期成效是不够的，它们还需要与能改变组织整体文化的长期成效相互配合，才能实现真正的变革。让我们回顾一下 20 世纪 60 年代末，福特汽车公司（Ford Motor Company）一家工厂的装配车间经理弗兰克·皮普（Frank Pipp）的故事。他让他的员工买来一辆丰田皮卡车，命令他的总装团队将其拆解并重新组装，以便全面了解这款丰田产品的总装质量。

在福特，如果两个零件无须橡胶锤就能够顺利装配，它们的连接就被称为"卡扣式连接"。这代表了当时汽车装配的最高水准。皮普惊讶地发现，当他们重新组装拆开的丰田皮卡车时，皮卡车的所有零件都采用了卡扣式连接。他不敢相信这是真的，于是便让他的团队再次进行了拆解与重新组装。结论依旧相同——丰田皮卡车的零件全都是卡扣式连接的。

皮普立刻意识到了这一发现对于缩小福特与丰田的产品质量差距的重大

意义。于是他邀请了福特高管团队的几位关键人物来到工厂，让他的团队展示了丰田皮卡车的总装质量。皮普说，当时的情景是这样的：

> 大家都沉默了，直到部门总经理清了清嗓子，说道："客户不会注意到这一点。"然后大家都热情地附和，"对，对，没错。客户不会注意到这一点"。他们高高兴兴地离开了工厂。[9]

显然，皮普已经接近在他的装配车间引发一场文化变革——一次小小的文化变革的成果，本可能对福特的质量文化产生深远的影响。但是，当部门总经理用"客户不会注意到这一点"这句话否定了他的努力时，这种可能性就破灭了。

当然，如今我们已经知道，这位部门总经理的判断是错误的——客户的确注意到了这一点。福特浪费了许多小型文化创新的成果和工厂经理多年的不懈努力，直到 1981 年——大约 20 年后——福特才终于认识到建立质量文化的重要性，并以此作为营销口号："福特坚持品质第一。"甚至近年来，福特还不断地提升其构建和维持质量文化的承诺。[10]

福特的例子说明了短期成效对于改变组织的整体文化有多么关键，也说明了改变这种整体文化可能需要一个漫长的过程，对于福特这样庞大而复杂的组织来说，尤其如此。作为领导者，你可能对预期的文化变革有明确的构想，但是让每个人都理解和支持你的文化愿景，并明白你的良苦用心，可能会非常耗费时间。

当然，变革组织的整体文化这一缓慢的过程可以考验即使是最有耐心的领导者的耐心。然而，在整体文化改变之前，组织内部文化变革的短期成效可能只是来自一些暂时的尝试。这些短期成效就像花园里的杂草，可以在肥沃的土壤中繁茂地生长，却很容易被无情的"园丁"——根深蒂固的组织文化——铲除。

的确，对于企业中取得这些短期成效的文化开创者而言，如果他们在文化变革方面走在前沿，越过了企业其他员工的舒适区，可能会不自觉地承受巨大的个人风险。虽然你可能对这些短期成效充满热情，但企业中的其他人可能对它们持怀疑和不信任的态度。在这种情况下，本可能取得短期成效的尝试便可能沦为惨痛的失败或者仅仅成为"有趣的试验"，因为自下而上的文化变革努力已经被固化的组织文化这座冰山碾碎。

在我们熟知的一个组织中，一个小业务部门的经理推行了一种新的协作文化，促成了几项新服务的开发。然而，这项业务所属的大组织极其等级森严，在管理上近乎专制，这个业务部门经理的文化变革尝试被大组织视为一种对组织文化现状的挑战，最终这位经理被开除了——尽管他的业务比以往任何时候都更成功、更具创新性，手下员工的敬业度也更高。[11]

总之，尽管短期成效令人振奋，也是文化变革过程的重要组成部分，但是如果缺乏更深层次的变革，它们往往难以持久。反之，如果没有一些能够推动变革的短期成效，更深层次的文化变革也是难以实现的。

在组织文化的变革过程中，那些只关注短期成效或者只关注深层次组织变革的变革模型，相较于那些重视文化变革快慢不定这一特征的变革模型，更有可能失败。

文化变革是对领导者决心的一次考验

组织文化具有多种特性，因此文化变革往往面临着重重挑战和困难。文化变革往往并不是有效地运用某一个变革模型就可以完成，而是需要根据复杂、不断演变的实际情况，综合运用多个变革模型。文化变革既要自上而下地推动，也要自下而上地参与；既要触动员工的理智和情感，也要根据不同的阶段，快速或缓慢地推进——一边在企业内部实现一些文化变革的短期成效，一边试图改变企业的整体文化。

唉！难怪文化变革常常难以成功。[12]

企业的文化变革充满挑战，因为文化是由多个相互关联的要素构成的复杂系统。这些要素包括你的个人价值观和信仰，员工的多元价值观和信仰，组织的战略、正式架构和规范，组织的正式政策、实践、历史等。改变这个系统中的任何一个要素都可能导致要素间的不协调，而同时改变所有要素也并非易事。

考虑到变革过程的复杂性，可以想象，领导者对文化变革的承诺会随着时间而波动。在文化变革初期，领导者可以表现出他们对创建新文化的决心，可以投入资金支持文化培训和其他变革活动，可以成立各种文化变革工作小组。但是，这些都是经济学家所谓的"空话"。[13]企业内部的员工都明白，或者至少会担心，他们的领导者对文化变革的承诺可能会突然发生显著的变化。

举个例子，领导者可以表现出变革文化的坚定决心，直到企业出现财务问题。那时，他们就会"召集全体员工"改善财务状况，不顾这些举措对文化变革是否有影响。至少，当企业的财务状况受到质疑时，每位员工都明白，或者至少会担心，文化变革在领导者心中的优先级会下降。

员工也清楚，或者至少可以推测出，如果文化变革导致领导者对新文化不满，领导者对新文化及其新价值观的承诺就难以持续，即使是领导者在塑造新文化及其新价值观的过程中起到了关键作用，也不例外。如果你对文化变革感到无力，或者不确定你能否坚定地支持这样的变革，那么你的员工很可能会感觉到，或者至少会怀疑，你对文化变革的承诺并不坚定。

当感觉领导者对文化变革的承诺只是一些"空话"时，员工就会明白，或者至少会推测，这样的尝试不会有成效。当然，他们会敷衍地参与，去接受培训，签署承诺书，进行其他形式的传统文化变革实践。在这个过程中，他们心知肚明——文化变革就像肾结石一样，"一切总会过去的"。只要时间足够长，改变组织文化的尝试就会消失，最终归零，而旧的组织文化会卷土重来，甚至变得更加强势。

这些并不意味着，作为领导者，你说的话对于组织的文化变革无关紧要。相反，你的言语对于激励员工参与文化变革的过程至关重要。言语是你与员工进行心灵沟通的一种有效载体。

仅凭借言语来实施变革管理的模型通常是无效的——言语的力量本身就不足够。言语只是复杂的文化变革过程的一个要素。因此，除了言语，你还需要运用这样的变革模型：涉及文化变革的所有要素，并且能够让员工确信你对文化变革的承诺坚定不移——即使在遭遇困境和文化变革的阻力时，也不会动摇。

故事构建如何促进文化变革

根据表 2-1 列出的组织文化的特征，我们研究发现，从首席执行官到商学院院长，从工厂经理到项目经理，再到企业家，各种领导者如果在推行文化变革时考虑到了多元化的变革模型的所有要素，变革确实就会更加顺利。成功的文化变革既是自上而下的，也是自下而上的，既重视情感，也注重理性的决策，旨在改变企业的文化系统。因此，成功的文化变革需要采用多元化的变革管理方法。

对于这些多元化的变革管理方法，我们注意到了一个显著的共同点：无论这些领导者如何组合和匹配各类变革模型，他们几乎都把故事构建作为文化变革过程的一个环节。

从某种意义上说，这是非常合理的。正如第 1 章所提到的，文化在组织中的传播和维持，通常借助员工之间口口相传的故事，这些故事以企业为主题，涵盖企业的业务运营方式、价值观等。这些故事是组织文化的命脉。因此，如果想要改变组织文化，你就需要改变员工之间传播的故事。

当然，并非所有的故事构建都能同样有效地促成文化变革。我们在研究中明确了理想的文化变革故事具备的六大属性。这些属性我们在第 1 章进行了概述，在其余章节进行了更详细的讨论。

实践证明，故事构建也能帮助你应对文化变革所带来的挑战，这些挑战的来源在表 2-1 中已经列出。故事构建是如何做到这一点的？请参见表 2-2。

表　2-2

故事构建如何应对文化变革所带来的挑战	
组织文化在组织内部普遍存在	精心构建的故事能够打破企业中横向和纵向的壁垒，让领导者和员工在文化变革的过程中齐心协力
组织文化是一种无形资产	精心构建的故事能够让无形和隐形的资产变得更加明显和突出
文化变革威胁组织现状	精心构建的故事能够发掘组织中的文化变革英雄，进而鼓舞其他人支持文化变革
文化变革快慢不定	节奏缓慢的文化变革故事能够使文化变革取得短期成效，而短期成效能够激发更多的故事构建，从而实现整体的文化变革
文化变革是对领导者决心的一次考验	构建真实的故事能够让领导者难以违背他们的变革承诺，也能够让他们逐步地履行这些承诺

故事构建如何解决"文化扩散"相关问题

没错，组织文化贯穿组织内部。但如果你构建的故事具有我们研究发现的六大属性，它们将在你的企业中产生广泛的影响。它们将打破企业内部不同职能领域、不同业务、不同工作场所和不同地点之间的隔阂——一个部门的营销人员将和另一个部门的生产人员分享相同的故事。它们还将跨越企业内部的纵向分化——高管团队可以与小时工一起分享这些故事。

毫无疑问，正是这些故事在企业中的广泛流传，使得旧的塑造组织文化的故事被新的塑造组织文化的故事替代。

简而言之，构建结构完美的故事可以使整个企业团结在文化变革的旗帜之下。分享这些故事有助于所有员工增强自豪感，而故事所体现的新文化能够帮助你的组织执行新的战略。

而在这个过程中，最神奇的一点在于，如果你构建了真实的故事，它们又以你这位领导者为主角，而且具备了理想的文化变革故事的所有属性，那么这些故事就会自发地在组织中流传开来。

不花一分钱！

如野火般扩散开来！

员工们汇聚一堂，无论是在现实世界或是网络世界，分享他们听闻的你的事迹，这样的情况几乎"势不可挡"。

一些员工会对你构建的故事不屑一顾。一些员工会质疑你的智慧。还有一些员工会窃窃私语："早就应该如此了。"更有一些员工会把你视为企业的救世主。

而有些员工会构建他们自己的文化变革故事。

当然，你可以通过在企业内部的正式媒介上传播你构建的故事来加强与其他人的沟通。你也可以寻求外部媒介的支持，让更多的人了解你的故事——这种做法的优缺点将在第 8 章详细分析。此外，这些故事还可以作为企业入职培训的重要内容。

构建结构完整的故事是变革组织文化的一种有效方法，因为这些故事能够像组织文化一样广为流传，从而逐渐替代组织中原有的文化故事。

故事构建如何解决"无形资产"相关问题

没错，文化是一种无形资产。但是，员工口中讲述的工作经历，却能让组织文化变得更加明显和突出。员工或许无法完全领悟"创造性思维"的抽象含义，但是可以从 3M 公司发明便利贴的故事中有所收获。[14] 经理们或许无法完全理解"重视员工团队合作"的抽象含义，但是，一个关于西南航空（Southwest Airlines）的员工——从领取时薪的行李员到飞行员——如何通力合作，将行李装上飞机的故事，却能让这个抽象的概念变得生动。[15] 销售人员或许无法完全领会"世界一流的客户服务"的抽象意义，但是，当他们听说诺德斯特龙百货（Nordstrom）如何为了满足客户的需求而不惜一切代价时，他们便会心领神会。[16]

同理，如果你只是通过空谈企业的价值观清单来传递你想要建立的文化，员工可能无法感受到你所讲的文化是何种风貌。因此，当价值观清单被贴在企业的墙面时，不少员工都会对其嗤之以鼻。

这也正是你构建的故事能如此有价值的原因。它们让抽象的事物具象化，为可能的未来铺设了一条现实的道路，让无形的和隐形的事物显现。Telesp 的员工不必通过任何价值观清单去了解客户服务导向型的组织文化，他们需要做的就是分享那位呼叫中心员工的故事。

故事构建如何解决"绊脚石"相关问题

毫无疑问，构建文化变革故事能够改变企业的现状，而那些原有组织文化的获益者可能会阻碍企业转向新文化的进程。

但是，请记住，文化变革并不是仅仅出于改变的目的而变革文化价值观，也不是按照领导者的意愿重塑文化。如果一位领导者构建文化变革故事的动机确实如此，那么现任的管理者理应坚决反对这样的变革。

然而，如果一家企业为了保持或提升业绩，不得不调整自己的战略，而新战略的实施又需要一种与之相适应的文化，那么文化变革就显得至关重要。毫不夸张地说，它可能关系到企业的存亡。在这种情况下，你有义务去改变现有的组织文化。

在这种情况下，那些构建故事推动文化变革的员工完全可以被认定为组织中的英雄。当然，如今"英雄"一词被严重滥用，几乎失去了实质性的意义。但是，如果某些个人或团队做了必要之事（例如改变组织的文化，助力组织战略的执行），而且这些事情需要付出个人代价（变革组织文化时往往会如此），那么在我们看来，这些人便是真正的英雄。军队中的英雄冒着生命危险去拯救他人的生命，而文化变革的英雄不顾自己的前途去改善组织的生存与发展。

这样的英雄事迹往往能鼓舞组织内的员工投身于文化变革的事业，即使这样的变革对他们来说颇有挑战。

当然，即便组织内部已经有了英雄的榜样，一些员工也可能对文化变革持反对态度。这对你来说可能是一个艰难的决定，但是这些员工——尤其是那些隐藏在暗处或者有一定影响力的员工——往往不适合留在你的组织里。即使这些员工在原有的组织文化之下表现出色，即使他们是你的密友，也有可能发生这种情况。

故事构建如何解决"快慢不定"相关问题

无论是快速的还是缓慢的文化变革，故事构建都是一种有效的手段。正如前面提到的，我们的研究显示，文化变革往往由领导者发起——他们最能意识到执行新战略的必要性，以及新战略与组织现有文化之间的不协调。然而，仅仅宣布一项新的有关组织文化的要求，或者制定一份新的价值观清单，或者采用纯粹的自上而下的变革方式，在这种情况下都难以奏效。

于是，有些领导者选择构建一个故事。

这个故事需精心编排，遵循本书所述的六大属性，才能有效地激活整个组织文化的转型。构建过程对应文化变革的缓慢发展阶段。但这个开场的故事可为组织内的各级管理者创造空间，让他们能够构建自己的文化变革故事。文化变革由此会进入快速发展阶段，即本书第 1 章粗略提及的故事的连锁反应。我们将在第 8 章详细讨论这一内容。

文化变革取得的短期成效，反过来会激发领导者构建更多的故事，向外人讲述这些短期成效，抑或是构建完全不同的新故事。因此，文化变革缓慢发展阶段的故事构建能够为快速发展阶段的故事构建提供支持，而快速发展阶段的故事构建能够促进缓慢发展阶段中有更多故事形成。

故事构建如何解决"领导者决心"相关问题

你所构建的每一个故事，都在向你的员工传递一种信号，即你对文化变革的决心越发坚定。对于你构建的故事，员工起初可能会持怀疑态度。但随着故事变得更加真实，更加有人物原型可循，传播范围也更为广泛，你对文化变革的承诺会变得更加可靠，即使这样的变革不可避免地会面临困难。这就会使员工中至少有一部分人从旁观者转变为参与者，与你一起共创组织文化。

在这个意义上，构建文化变革故事，是你对文化变革的决心的一种体现。

如果你对自己能否持久地推进文化变革有所顾虑，那么采用故事构建的方式来进行变革有一些显著的优势。你不需要一开始就对整个文化变革的过程做出承诺。你只需要构建自己的第一个故事，然后观察效果如何。如果你遵循本书提出的指导原则，你的变革之路可能会一帆风顺。你会觉得战略的执行变得轻而易举，然后你便可构建一个又一个故事。一段时间之后，员工会对你进行文化变革的决心产生更多的信赖，随即开始构建他们自己的故事。随着组织文化开始发生转变，你可以引导整个组织适应这种新文化。最终，经过一段时间的努力，回顾过去你将发现，你已经与员工携手共同塑造了一种全新的组织文化。

恭喜你。

文化变革不是文化破坏

当然，本书的目的并不是要简单粗暴地破坏你的组织文化。众所周知，组织文化需要经过多年的积累和沉淀才能形成，而缺乏远见的领导者却可能在一个下午的时间内就将其摧毁殆尽。我们在本书中讨论的文化变革，是指有意识地采取一些措施（甚至包括激进的措施）来调整组织现有的文化，使其更加契合组织的战略方向。这种文化变革有着明确的目的和策略。的确，文化变革可能意味着从根本上改变组织的价值观、信仰和规范，但它并不是盲目的。

美国有位政治家曾经说过："任何一头驴都可以踢倒一座谷仓，但建造一座谷仓，却需要能工巧匠。"[17] 我们所研究的诸多领导者正是这样的"能工巧匠"，他们选择"构建文化变革故事"这种方式，确保组织更高效地执行其战略。

准备好迎接文化变革了吗

我们从研究中得出了以下结论。首先，如果你有能力改变你的组织文化，这会让你的战略执行更加高效。但是，你不能只依赖一种固定的变革模型来变革组织文化，你需要吸收多种变革模型的要素。也就是说，你需要的不是一把变革管理的铁锤或者一把变革管理的螺丝刀，你需要的是一套完整的变革管理工具箱。有效的文化变革源自自上而下和自下而上的模型的相互配合，既关注变革的情感层面，也关注变革的理性层面，将文化视作由多个相互作用的要素构成的系统。

其次，在试图改变组织文化时，你如果想采用多元化的变革管理方法，请注意，文化变革的不二法门在于故事构建——这些故事是真实的，以你为主角，标志着与过去的彻底决裂，指出通向未来的明确道路。它们能够触动员工的理智和情感，常常具有戏剧性，而且在你的组织中反复传播。这样的故事构建方式是文化变革成功的关键。

但就像你可能正在考虑的任何重大变革一样，在着手构建第一个故事，开始文化变革之旅之前，你需要明确两件事：第一，是否有必要变革组织文化？第二，自己是否有变革组织文化的决心？

只有当文化变革能够让组织战略更有效地落地时，你才有必要变革组织文化。变革组织文化的其他理由——例如留下前人的印记，满足自我价值感，或者仅仅是为了改变组织文化、改变自己的工作氛围——都不足以说服你的员工，也不会带来文化的转变。所以，在着手开启文化变革之前，必须有充分的理由，说明此举对组织的战略和业绩有何益处。

但即使有充分的战略动机来改变组织文化，你也可能不愿意投入这项工作中。也许你会对文化变革追求的个人坦诚感到不自在，也许你不想卷入文化变革频繁引发的尖锐话题，也许你觉得自己缺乏变革管理所需的技能。

当然，并不是每个人都可以胜任变革管理工作，也不是所有的领导者都需要进行文化变革。但是，如果你有强烈的战略动机来推动文化变革，却又因为不适应这种变革而有所退缩，那么本书展示的成果对你来说将会非常有益。

由此看来，我们在本书中所说的文化变革的"秘密"其实并不存在。文化变革故事的构建是一种技艺，是大众可以学习的，是可以完善的一套方法。你的第一个文化变革故事或许不及我们在本书中分享的一些故事那么深刻，但这并不意味着它对你的组织文化无关紧要。而且，当你在文化变革故事的构建上表现得更加娴熟时，这些故事就会变得更加深刻和有力。

最后，本书展示了一套可供你学习和运用的技巧，能帮助你构建文化变革故事。本书可以指导你掌握这些技巧，但无法为你做出是否参与文化变革的抉择，这完全取决于你自己。所以，文化变革的第一步是自我反思，明确预期的变革是否真正符合你的内心和价值观，从而决定你是否有意愿参与文化变革。我们将在下一章进一步探讨这些问题。

第 3 章

构建真实的故事

文化变革需要从构建真实的故事开始。而真实的故事必须体现你作为领导者的核心价值观和信仰、你对员工和其他利益相关者福祉的承诺，以及它们与企业的战略执行能力之间的关联。如此一来，真实的故事便能向员工展示你的真正为人，以及你想要达成什么样的目标。

正因为如此，真实的故事能够让你的员工确信，你对文化变革的承诺真诚且不可动摇，你的文化变革努力不是一时的心血来潮，不是自我驱使的结果，也不是一时的承诺兑现，而是你身为一个人的品质的体现。在听闻你构建的真实的故事后，他们更有可能与你携手共建一种全新的组织文化。

但是，如果你构建的故事并不真实，往往会适得其反。你的员工能够敏锐地察觉到其中的虚假。而且，如果你构建的故事无法体现你的个人品质，员工可能对你的故事不屑一顾，认为它们有操纵他人的欺诈之嫌。他们也不会与你同心协力去共建组织的新文化。

构建你自己的真实的故事

构建真实的故事可能具有风险。这样的故事可能会暴露一些你不愿向员工透露的私人信息。而且，即便是真实的故事，它们也可能被你的员工抵制，被认为是空洞的泛泛之谈。你的故事可能会让你的员工看到你想要达到的高度和你当前的水平之间的差距——我们常常难以践行自己提倡的价值观。员工也可能对你的故事不屑一顾，认为它们有操纵他人的欺诈之嫌。

其实，构建真实的故事是在文化变革的地基上打下一根桩，让员工信任你的文化变革决心。有了这样的保障，员工就可以与你携手共创新的组织文化。

思考一下：构建真实的故事，对诸多领导者的文化变革能力有何影响？

真实的故事的构建源于敏锐的洞察力

请先阅读下面的故事，了解这位年轻的管理者在一家跨国巨头企业的任职经历。在对自己的领导能力提出质疑后，他完全改变了自己的领导方式。

❖ 故事 3-1

如果飞机失事了呢

◎一家跨国巨头企业的首席制造官

我曾被派往南美的一家大型工厂担任负责人。那时这家工厂已经连续数年亏损，岌岌可危，以至于集团首席执行官亲临现场并警告我们，如果这家工厂不能扭转局面，领导层就会考虑放弃这家工厂。

当时我仅仅是集团业务线众多工厂经理中的一位，但集团领导层让我带领一个团队来解决这一棘手难题。我的团队需要在 18 个月的时间内制订一项收支平衡计划，而我负责工厂的一切事宜，包括财务、市场营销、产品供应。每隔三四个月，首席执行官就会和我们碰头，检查这项计划的进展情况。

为了赶赴一场会议，我乘坐了集团的飞机，这也是我初次体验公务机。在飞机上，我的职位最低，而且我也不太熟悉其他的工厂经理，所以我就在飞机后排靠窗的位置坐下，默不作声。我心想，"这是一次难得的机会，我可以把演示文稿压缩到几页纸，拿出一份真正的切实可行的方案"。这是我的期望。

事实上，飞机上的众人都在发表着自己的意见。但是他们没有与我沟通，尽管我才是那个要向首席执行官呈现计划的人。相反，他们的谈话越来越"空洞"，他们对于扭转危局所需付出的努力一无所知。

这样的对话持续了一个多小时，我对这群人感到无比厌烦。显然，他们的谈话对我手头的工作和即将到来的工作汇报毫无裨益。百无聊赖之际，我望向窗外，发现我们正飞越一片密林，一个奇怪的念头掠过我的心头："如果这架飞机失事了，我肯定不知道如何在丛林中求生。但有一件事我十分确定，我会远离飞机上的这群人。"

紧接着，我的心中涌现了另一个念头："如果我和我的团队成员同乘一架飞机，而飞机不幸失事，那我的团队成员会不会继续追随我呢？"

我记得自己曾在西点军校聆听过一场演说，主题为"当他人的生命系于自己的决断时该如何开展领导工作"。演说者开场就强调，"在这样的情况下，你无暇列出详尽的问题清单、编写众多的报告、开展头脑风暴，等等。你必须立即做出决定，而且要坚定果敢，同时要保证你的决定能够得到毫无保留的执行"。

要实现这一目的，领导者在做出决策之前必须向下属展现"三大气质"：首先是才干——领导者掌握了做出正确决策和圆满完成任务所需的各项技能；其次是品行——领导者必须值得信任，将团队利益置于个人私利之上；

最后是人性——领导者必须关注团队成员的感受。

这次乘坐公务机出差归来后，我始终致力于在我的决策和行动中彰显这三大领导气质。

这位管理者不得不对自己坦诚。他固然对飞机上的其他工厂经理心生不满，对方或许无能，或许不肯正视他所遭遇的真实困境，但在得出个人见解的瞬间，他也在怀疑自己的下属是否愿意追随自己，并信任自己的才干、品行和人性。

这一瞬间的个人见解最终改变了这位管理者余生的职业道路。

向员工展示自己的不足

你不必投身工厂管理事务，也不必经历一段漫长的岁月，就能拥有这种敏锐的洞察力。就拿迈克尔·舒茨勒来说吧，他在年轻时就形成了自己的领导风格，并运用领导技巧来构建相应的故事，帮助自己带领项目团队走向成功。

❖ 故事 3-2

我当时年纪轻轻，需要改变谈话方式

◎迈克尔·舒茨勒，哈里斯公司（Harris Corporation）的项目经理

我从宾夕法尼亚州立大学毕业，拿到了工程学的学位。我机敏过人，又赶上了好时机，协助我的第一任雇主顺利签下了一份大单，于是他对我说："你不只是个工程师，你还有领导的天赋。"由此，我成了一名管理培训生。

没多久，我就接手了我的首个项目。那时的我年仅 23 岁，对运用数学和电子表格颇有心得，但从未在生活中管理过任何人或项目。我走进房间参

加项目团队的首次会议，只见里面坐着十几号人——最年轻的一位也得有40岁。当然，房间里的每个人都斜靠在椅子上，打量着我，他们心里或许在想，"嗯，是这个家伙啊？好吧。是谁都行"。

我怀着无比的兴奋和热忱开始了这场会议，向众人展示了我们即将共同开启的项目。我一边说着，一边察言观色。我发现他们的肢体语言冷漠而消极。有些人还在摇头——是反对还是怀疑，我看不出来。

这是我职业生涯中的一个转折点。那一刻，我终于清醒地认识到："迈克尔，你在这些人面前毫无威信，却要指挥他们做事。你何不闭嘴，听听他们的意见呢？"

于是，我闭上了嘴。

我深吸了一口气，然后坚定地说道："抱歉，请让我重新来过。我被指派为这个项目的负责人，但我从未有过项目管理经验，而你们在这方面的经验都远胜于我。我希望这个项目能够成功，我相信你们也想朝着这个目标贡献自己的一份力量。我需要向你们学习。请告诉我，为了确保项目成功，你们需要我做些什么，这样你们也会产生些许成就感。我对你们承诺，我一定会全力以赴。"

这段话一下子改变了房间里的气氛，大家纷纷发表自己的想法。在会议开始后的一个小时内，我就在他们的指点下掌握了项目管理的要领，而我后来也实现了自己的承诺。我争取到了相应的资源、权限以及上级的批准。最终，我没有辜负他们的期望。

在第二次项目团队会议上，我说道："好了，我已经按照你们的要求完成了所有任务。接下来该怎么办呢？"于是我们通力合作，打造出了一个对企业大有裨益的项目。我也因此获得了连续的晋升。

在团队成员对我不屑一顾的那一刻，我领悟了一个道理：一个团队要想成为一个有战斗力的整体，就必须由团队自己来掌舵。每位成员都有权决定团队的前进方向，而我们必须尊重这项权力。在这种情况下，我的职责只是确保团队沿着正确的方向不断向前推进。从那以后，我一直遵循着这种领导方式。

带头冲锋不是我的领导风格。相反，我习惯在幕后提供支持，鼓励其他人去探索未知，去学习，去进步，并且在一旁给予指导。现在，我从事领导和管理工作已经有很长的时间了（当然，我已经掌握了很多相关知识与技巧），我能够在项目启动阶段就提出不少建议，但即便如此，我也会缄口不言，然后询问大家："你们认为我们该怎么做？我们该何去何从？项目有多大的成功可能？"

毋庸置疑，迈克尔挑战自我，担起项目管理的重任，需要一定的勇气，更何况还有众多资历深厚的经理成了他的下属。但从诸多角度来看，他更需要勇气去正视自身的不足，去向他那些老练的团队成员求助。在团队的首次会议上，迈克尔构建了一个"勇敢与谦逊"的故事，不仅改变了项目团队的氛围，而且最终促使迈克尔塑造出一种领导和管理的风格，而这种风格贯穿了他的整个职业生涯。

员工是否会反感真实的故事

真实的故事触及心灵深处。我们采访过不少的管理者都深知，在组织中铺陈这样的故事会让他们个人裸露无遗。他们明白，一些员工对他们的坦诚钦佩不已，而也有人对他们挑战既定秩序的胆量咬牙切齿。他们清楚，有人视他们为英雄，那种不惜牺牲自己也要试图将企业从文化僵局中解脱出来的英雄；也有人将他们当作自私、狡诈的恶人，那种妄图将企业打上自己的烙印从而满足自身虚荣、抚慰自身无止境的自负的恶人。构建真实的故事意味着管理者需将内心最深沉的信念"摆上台面"，接受公众的评说和审视。

毫无疑问，公共舆论领域和许多组织里盛传着这样一个"神话"：管理者享有组织权力的庇佑，因此在构建故事并展现自己最隐秘的一面后，不会受到由此引发的情感起伏的困扰。在这个"神话"里，组织成员对管理者价值观和信念的评价是微不足道的——哪怕他们断定管理者是一个令人憎恶的恶人又如何呢？重要的是这些人要服从管理者的命令。正如俗语所说，如果管理者想要交到真心的朋友，那还不如养条狗呢。

这些管理者面临的现实情况更加微妙。一方面，他们意识到，他们在组织中的地位给予了他们一定的庇护，使他们不必过分担心外界对其个人价值观和信念的看法。对于一些人来说，这种庇护让他们更容易敞开心扉和展现真实的自我，这有利于构建令人印象深刻的文化变革故事。的确，我们有理由认为，正是因为这些原因，管理者才具有独一无二的优势在组织中引领文化变革。

另一方面，管理者深谙自己无法在组织内部所面临的文化变革之劫中置身事外。他们明白，这样的变革势必给员工和利益相关者带来难以忘怀的创伤，导致员工对这些变化心生反感，并对领导层及其变革的动机进行严厉的批判。他们并不愿意被如此审视——这并非他们所期待或所享受的事情——但他们将这看作文化变革过程中必然经历的一环。

斯特凡诺·雷托雷试图在一家老牌农业公司中树立一种新的组织文化，他的经历可供我们参考。

❖ 故事 3-3

这就是真正的我

◎斯特凡诺·雷托雷，阿彻丹尼尔斯米德兰公司的创新总裁兼高管委员会成员

我刚加入阿彻丹尼尔斯米德兰公司（ADM）没多久就被委以重任，领导全球农业业务。作为公司的新人，我与 ADM 的文化格格不入。我甚至连美

国人都不是，他们却让我来统领这家典型美国公司内部最庞大的一个部门。我感到自己面临着极大的学习压力，亟须与我管理的团队建立密切的联系。但除了名字和履历，我对这些人一无所知，我们也没有深入地了解彼此。例如，我不了解他们的家庭往事，也不清楚他们的性格特点。然而，我没有充裕的时间去弥补这种隔阂。作为新人，我迫切需要带领团队提升业绩，同时承担着成果交付的巨大压力。

我计划带领我的团队外出两日，商议我们的经营方案和改善措施。这些都是寻常而必要的操作，但是我坚信这还不足以培养我们所追求的团队精神。因此我决定以一种别出心裁的方式开启这次团队活动。

在与团队成员首次见面时，我直截了当地说道："大家请听我说。我想要尝试一件事，我不确定它是否会奏效，但我觉得有这个必要。你们对我一无所知，我对你们也不甚了解，但我们要携手合作。我深信心理安全是团队活力的源泉，这对我们非常重要，因为我们在追求业绩提升的过程中难免会失误，如果我们彼此信任，那么我们就能够坦然地承认并改正那些错误。但如果我们互相猜忌，我们就会一错再错，痛失业绩提升的机会。因此，为了增进彼此的了解，我希望大家互相分享自己在生活、工作中或者在领导岗位上的故事。"

我明白我得带头发言，所以我精心挑选了一个"自传性"的故事。它不能是平淡无奇的事情，必须展现我作为个体以及领导者的核心品质和成长历程。于是，我从自己的理想和追求以及它们背后的故事开始分享。

"我在19岁那年失去了父亲。那一年，他在12月15日查出重病，20天后的1月5日就与世长辞。这段经历让我深刻体会到世事的无常——我在短短几周内就失去了父亲，成了孤儿。我渐渐认识到失去父亲只是生活中的一环。然而，10年后，我的妹妹也撒手人寰。当时的她怀胎九月，腹中胎儿也未能存活。我的生活再一次遭受沉重的打击。自此以后，我开始格外珍惜时间，因为我们每个人都无法预知未来发生的事情。正是这些经历造就了今天的我。所以我不愿浪费时间做我不认同的事情，不愿浪费时间在无谓的'政治'上。我想要享受与身边朋友真诚相待的融洽氛围，我想要在努力工作之余享受生活，我期待与志同道合之人共事。而且我更看重业绩增长而非节约成本，因为我相信我们有机会在短暂的生命旅途中创造一番与众不同的事业。这就是我的信念和处世之道。"

我并不曾设想这番言语会对团队中的其他人有何影响。然而，团队成员纷纷开始吐露他们的心声。他们讲述的一些关于自己的事情，即使是结识20多年的同事也不曾知晓。也有人讲述了自己管理理念和目标的形成。而这一切都发生在一个我们彼此并不熟悉的环境中。那是一幕幕令人动容、真挚无比的场景，大家都展现了真正的自我。

这次会议在团队中激发了一股正能量。我们不仅探讨了经营方案和改善措施，而且建立了开放和信任的氛围。当我告别这份工作时，距离这次会议已经过去一年半了。有几位同事打来电话，感慨道："这是我在公司里最难忘的 18 个月。"他们中有些人已经在 ADM 工作了几十年。这是我在这家大型公司能够收获的最高赞誉。还有一位高管打电话告诉我，我给公司带来了新的风气，让一切变得更加透明和人性化，这对公司大有裨益。而且这一点也反映在业绩上，我们部门的业绩增长速度更快，利润也更丰厚。

我认为这一切都源于我与团队成员的那次初见。我并没有要求会议上的任何话题都要保密，我猜想我的个人经历已经在组织内广为流传。我愿意分享自己的经历，而且一直努力用各种方式去践行这一点。在第一次见面时冒险做出一些可能会惹祸上身的事情，对我而言十分关键。正如我对团队成员所说的："我宁可做真实的自己，纵使可能错得一塌糊涂，也不愿踏上平安无事之道，哪怕这能够到达理想的彼岸。我只想在真实的自我之上，构建我自己的人生。即便一蹶不振，也会追随我心中的信念。"这是一个艰难的抉择，但收获了意想不到的结果。

斯特凡诺用一段鲜活的个人经历拉开了团队首次见面的序幕，他借此构建了一个故事，深深地影响了这个团队的文化氛围。他毫无保留地分享了这段经历，这需要巨大的勇气和信念，因为他并不清楚他的成员会有何感受。当成员纷纷吐露自己的故事时，斯特凡诺便迈出了构建新文化的关键一步。

我们常常难以践行自己提倡的价值观

打造一种新的组织文化总是充满挑战的。对于组织来说，这意味着告别过去，迎接新的可能性。对于个人来说，你可能并未完全理解塑造新文化涉及的价值观。甚至有时候，你即使已经深刻理解了这些价值观，也可能无法始终践行它们。

如果推行文化变革要求我们深刻理解并彻底践行相应的价值观，那么文化变革的实现就永远无望。所有的管理者，无论在组织中的地位如何，终有一日都会在对新文化的理解方面出现偏差，也都会在坚守这种文化的价值观方面出现疏漏，即使他们对这些价值观了如指掌。

正是由于自身的局限性，你编造的那些宣称深刻理解并彻底践行新文化价值观的故事，从根本上说，是虚构的。这些故事，你的员工不会信以为真。相反，他们会视其为愚弄和欺骗的标志。

尽管如此，这些问题并不影响你成为文化变革的领导者。恰恰相反，你对自身缺陷的应对方式可以助你构建相应的故事，从而促进文化变革。你可以利用承认缺陷展现自己的真诚，这会让你显得更加有亲和力。这似乎与直觉相悖，但是请参考卡尔·汤的例子。他是一位连续创业者，现任 Momenta Group 的董事总经理。Momenta Group 是一家总部位于新加坡的领导力培训公司。

❖ 故事 3-4

我距离理想的自己仍有差距

◎卡尔·汤，Momenta Group 的董事总经理

我作为领导者，力争恪守言而有信和品行端正两大原则，但有时也难免做不到。

半年前，我的一位下属拿着一份报告来见我，汇报他经手的工作。那天我忙了一整天，正要走出办公室的门时，他迎面递给我这份报告。我当时筋疲力尽，但还是扫了一眼报告，而且立刻发现了 10 处错误。于是，我对他说道："约翰，这些内容简直是在胡扯，不要再这样马虎了！"说完就把报告还给他，匆匆离开，上了车。在开车回家的路上，我意识到自己的言语似乎不妥。这件事一直萦绕在我的心头。

回到家后，我和家人共进了晚餐。接着，我收到了约翰发来的短信，上面写道："卡尔先生，我想告诉您'胡扯'这个词的词典释义。它的意思是'胡说八道'。我并不觉得自己的报告是在胡说八道。我竭尽全力编写了这份报告，如果您对它不满意，您可以批评我，但您为何要用'胡扯'这个词来羞辱我？我只想让您知道，这让我很不舒服，我为自己的工作表现向您道歉，但我认为有必要和您分享我的想法。"

看到这条短信，我心头一震。我没有达到自己的标准，言语确有不妥。我立刻回复道："约翰，感谢你的指正和直言不讳，我没有践行公司为每名员工树立的价值观。这是一次极好的提醒，让我明白自己还有很多不足之处。"

随即他发来一条短信："啊，太好了。我一直在祈祷您不会生气。"我回复道："不，我没有生气，我反而非常感谢你指出了这个问题。你能帮我一个忙吗？把我们之间的这次对话与公司的全体成员分享。"

由此，这个故事成为践行公司核心价值观——言而有信、品行端正——

的典范。这一价值观是公司的文化标杆之一，虽然我们常常难以做到，但只要我们能正视自己的不足，然后奋发努力去恪守，那就无憾无悔。这个故事被公司的员工反复传播，对于塑造公司的荣誉文化至关重要。

部分首席执行官认为，如果他们在努力打造公司文化（价值观）的过程中稍有疏忽，他们的虚伪就会被揭穿，付出的努力就会化为泡影。有些人因此得出结论，面对这种风险，与其在尝试中失败，不如索性放弃变革组织文化。

这类疏忽在所难免，我们不能对其视而不见，而是要尽量降低它们的影响：一旦有所疏忽，我们要将危机转化为机遇，并在此过程中巩固自己想要实现的文化变革。我们的失误可用于故事的构建，赋予每个人尝试和失败的勇气，然后再接再厉，去践行新的价值观。

在地基上打下一根桩

最重要的是，构建真实的故事能够让你的员工切身感受到你的文化变革决心。这种决心能够在员工间引起共鸣，进而推进全新的组织文化的创建。

丹·伯顿是一家快速崛起的医疗保健企业的首席执行官，他的真实案例可供我们参考。

❖ 故事 3-5

我必须以身作则才能让团队成员接受谦卑和透明的价值观

◎丹·伯顿，Health Catalyst 的首席执行官

谦卑和透明是 Health Catalyst 企业文化的灵魂所在。然而，要让这样的价值观深入人心并不容易，尤其是在企业飞速发展的过程中。短短十多年的

时间，我们就从几个人的小团队，发展到了如今的规模——超 1500 名员工和承包人。

我必须以身作则，践行这样的价值观。举个例子，我每年都会接受一次匿名的 360 度评估，并毫无保留地向全企业公布评估结果。我认为，坦陈自己的弱点是服务型领导者的一种重要品质，它能够消除领导者必须完美或者必须追求完美的误区，因为每个人都有自己的不足之处。在我看来，让团队成员看到领导者谦卑地承认自己存在提升的空间，是一种非常有效的激励手段，所以我每年都会公布我的 360 度评估结果。

此外，我们每 2 到 4 周召开一次全体员工会议，其中都会有"向领导层提问"的环节。除了提前提交的 10 到 20 个问题之外，我们还会现场收集 30 到 40 个问题，直接给到领导层。这些问题可以是匿名的，也可以附上姓名。我和其他三四位高管都会出席会议，尽可能地解答这些问题。如果我们不知道答案，我们会在下次会议中予以补充。

我认为自己的这些行为都是展现谦卑和透明的价值观的良好载体。尤其是在员工的反馈呼声变得刺耳的情况下，这样的展现机会更是难能可贵。例如，受新冠疫情的影响，我们最近不得不缩减了一项员工福利。这个变化引起了一些团队成员的强烈反感，有些人甚至直接针对我发表了一些人身攻击的言论。我在全体员工会议上对这一情况做出了回应。

有时候，我也需要向团队成员道歉，承认自己的过失。比如，一位团队成员曾经对企业坚守的多样性和包容性价值观表达了不满，认为我们可能过分关注相关问题。在我的书面回复中，我阐述了我们为什么要坚持这样的价值观，同时承认我们处理相关问题的方式可能不甚有效。我恳请大家给我们一些时间，因为企业目前仍在这一领域不断地学习和进步。

不过，我的回复引起了另一位团队成员的注意，她主动和我取得了联系。她认为，我没有必要为企业在这一领域的探索而道歉。我仔细思考了她的意见，觉得她说得有道理。于是，我修改了最初的回复，然后向她表示了感谢，感谢她和我交流了她的见解和想法。

我并非无所不知，也并非一次就能攻克难关，有时甚至需要尝试多次。我必须正视自己的不足，也不得不承认这是一个众所周知的事实。

丹·伯顿秉持谦逊和透明的价值观构建了自己的故事，而这些故事让他无法背弃上述价值观。他不但每年会在公开自己 360 度评估结果之际构建这样的故事，还会每隔 2 到 4 周在全体员工会议上重复这一过程。

毫无疑问，丹·伯顿的故事有利于塑造一种非同寻常的文化——这种文化激发了员工的积极性和归属感，使他们在全国范围内脱颖而出。他坚信，正是这种文化推动了他的企业在过去十年里实现了跨越式的发展——从年销售额不到 100 万美元的小企业，一跃成为市值超过 20 亿美元的行业巨头。

如果你的价值观与新的组织文化不一致

这些故事告诉我们，文化变革必须依靠管理者来构建真实的故事。但是，如果管理者的价值观和信念与推动企业战略所需的文化变革不相符，又该如何呢？在这种情况下，构建真实的故事不仅不能促进文化变革，反而会成为文化变革的障碍。如果你的核心价值观和信念与你为了执行企业战略而要塑造的文化不一致，你应该怎么办呢？

在这种情况下，你只有两条路可选。一条路是开始进行个人转变，调整你的价值观、信念以及对企业运作方式的期待。这是一个漫长而艰难的过程，但你必须在着手改变组织文化之前完成这一转变。事实上，如果你对员工坦言你正在改变自己的个人价值观，他们通常会对你有所信任。当你犯错并陷入过往的思维和行为模式时，你要敢于承认错误，并且——正如前面提到的那样——你的错误可用于故事的构建，帮助你推进文化变革。

另一条路是放弃管理职位。这是一个艰难的抉择。但是，如果你的核心价值观与企业新战略所需的文化格格不入，继续担任管理者可能会让你苦不堪言。接下来我们一起看看史蒂夫·杨的经历。他曾是 NFL 中鼎鼎有名的四分卫，现投身私募股权行业，他最近收购的一家企业的前任首席执行官与他之间的合作可能会给我们一些启示。[1]

❖ 故事 3-6

他用椅子砸我！

◎史蒂夫·杨，Huntsman Gay Global Capital 的联合创始人兼董事长

我想跟大家讲讲我和一位名叫迈克尔的经营者的故事。那时，我的私募股权企业从他手中收购了这家企业，但我们在控制权的问题上争执不休。简单来说，我认为这家企业只能由一个人说了算，否则，企业运营就会失控——而且，这个人必须是我们新任命的首席执行官。在我们收购了这家企业后，迈克尔同意担任董事会主席，不再插手企业的日常运营，但是他一直在企业附近晃悠。最后，首席执行官给我打来电话："嘿，这家伙让我抓狂。"我不得不致电迈克尔，让他离开，给新的管理层一些自由的空间。

迈克尔反问道："那你想让我怎么办？我连企业都不能参观了吗？"

我回复道："你听我说，问题的关键在于，人与人之间需要留有足够的空间。"

迈克尔回答道："好吧，我知道了。"但是，仅仅约一个月后，首席执行官给我打来了电话："你看着办吧，要么是他走，要么是我走！"

我给迈克尔打去了电话："见个面吧，咱们得谈谈。"我们在会议室碰了面，首席执行官当时并不在场。我直截了当地表示："迈克尔，你必须离开。"这激起了我们之间的一场争论。争论越演越烈，迈克尔竟然拎起一把

椅子向我砸过来。他或许不是故意针对我的，也不是想要伤害我，只是内心的愤怒和沮丧感需要宣泄。

这一切都源自我们无法换位思考。我知道，这次会面不应该以这样的方式写下句号。争论已让这次对话陷入僵局，我也可以选择进一步激化矛盾，但我想要寻找一些利益上的共同点。当事情朝着戏剧化的方向发展，我终于意识到是时候放慢速度，找出问题的症结所在了。

在椅子朝我砸来的时候，我一时惊愕，但随即心中升起一丝兴奋："真的吗？你就这点本事？"迈克尔长吁了一口气，嘴角露出一丝笑意。我们对视了一眼，然后我说道："算了，我们该如何收尾呢？让我们试着找出问题的根本原因。"

对话继续了，我聆听着迈克尔的倾诉。最终，他说："这次的反复讨论让我明白，我只有两条路可走，要么参与企业的运营，要么彻底离开。这是我的个性，也是我的行事风格。我不适合做董事会主席。我必须全身心地投入企业业务，或者与之一刀两断。"

最终，迈克尔明白了，彻底离开这家企业，对他自己和企业而言都是最好的选择。时至今日，已经过去了十年，迈克尔和我依然是亲密的朋友。他常常从世界各地给我打来电话，寄来他抱着小孙女的照片。他总是说："史蒂夫，放弃这家企业是我一生中做过的最明智的事情。我真的很感激你。"

这个故事无疑蕴含了许多深刻的启示。从史蒂夫的私募股权企业对收购对象进行文化改革这一视角来看，最关键的真相在于，如果迈克尔留在企业，他不但会拖垮企业，也会使自己越来越糟。迈克尔作为一个独立的个体，他的偏好与新的所有者对企业未来形象的预期格格不入。在这样的情形下，迈克尔做出离开的选择并非意味着他懦弱，相反，这体现了他的伟大，甚至是勇敢。

结　论

纵观历史，真实性在塑造和变革组织文化方面一直发挥着重要的作用。比如，我们可以回顾一下第二次世界大战期间，盟军远征部队最高司令部（SHAEF）是如何在盟军内部建立合作文化的。该组织负责筹划和执行盟军在欧洲的登陆行动。

在历史上，我们很难找到一个比 SHAEF 更具多样性、充斥更多个人和政治利益冲突的团队，而且它曾经承担如此具有历史意义的任务。SHAEF 由来自美国、英国、法国和苏联的 14 名军事领袖组建，涉及了陆军、空军和海军的各个方面。除此之外，它还得到了来自英国和美国的 7 名工作人员（负责物资、情报等）和 5 名政治官员的协助。

这个团队由来自美国的盟军最高司令部司令德怀特·戴维·艾森豪威尔（Dwight D. Eisenhower）将军率领，最终指挥了来自 8 个盟国的 200 万名士兵、水手和飞行员，他们大多驻扎在英国的营地。[2] 他们要执行的代号为霸王行动（Operation Overlord）的计划，是战争史上规模最庞大的一次陆海空联合作战。

不过，SHAEF 的成员对盟军登陆欧洲的方方面面都存在着分歧：登陆的时间（苏联多年来一直催促尽早登陆，以缓解纳粹对自身的攻势，美国和英国则倾向于推迟登陆，等到盟军部队完全做好准备再行动），登陆的地点（有的主张在法国的加来地区登陆，有的则认为在诺曼底更为合适），登陆期间的地面指挥（最终由英国陆军元帅蒙哥马利（Montgomery）担任），以及登陆的近期和远期目标（美国领导人重视占领瑟堡港，这个港口位于诺曼底登陆地点的西侧；英国领导人关注摧毁纳粹在法国北部的导弹发射基地，这些基地用于向英国发射导弹；法国领导人则强调尽早从纳粹手中解放巴黎）。艾森豪威尔在做出这些决定时，必须兼顾各国总统、首相、将军和元帅的利益。他所领导的 SHAEF 充斥着冲突、分歧和自负，而他需要制定一个具体的欧洲登陆战略。简单来说，艾森豪威尔必须在几乎无法协作的环境中营造合作的文化。

艾森豪威尔是这项任务的理想人选。他出生在得克萨斯州的丹尼森，在堪萨斯州的阿比林长大成人。他来自一个普通的家庭，在七个兄弟中排行老三。他之所以申请并考入美国西点军校，并不是为了追求辉煌的军事生涯，而是因为他负担不起其他学校的学费。艾森豪威尔在战前的职业生涯并不十分出色，但在战争期间，他的地位飞速提升，主要是因为他能够协调各方的利益冲突，团结各方追求一个共同的目标——赢得战争。

在艾森豪威尔的一生中，有两个核心价值观塑造了他的领导风格。第一，他将领导力视为"一门艺术，能够让他人自愿去执行你想完成的事情"。艾森豪威尔擅长专注而真诚地倾听，然后找到化解他人之间冲突的方法。那些向艾森豪威尔汇报的人，常常会觉得是他们自己提出的一些关键想法或建议推进了霸王行动。在艾森豪威尔看来，只要不计较功劳归属，就能做成许多了不起的事情。

第二，艾森豪威尔的领导风格总是谦逊的，从不涉及对抗。这体现在他当选美国第 34 任总统后，在椭圆形办公室的桌子上摆放了一块牌子，上面写着"待人温良，遇事果敢"（拉丁语"Suaviter in modo, fortiter in re"）。他看不惯他的同事训斥自己的下属，他认为这是一种"暴力，而不是领导"。

艾森豪威尔不计较功劳，以一种谦逊低调的方式追求自己的目标，这为 SHAEF 内部的合作创造了条件，即使这一组织面临着分裂的危险。在那个时期，以及在他的整个职业生涯中，艾森豪威尔的行为都完全体现了他的两个核心价值观。但他不愿意居功。在某些人看来，这可能会影响他的职业发展。情况也确实如此。

艾森豪威尔如何运用他对这两个核心价值观的坚定信念来执行他的优

先战略呢？盟军对登陆欧洲初期的空中力量的部署就是一个非常生动的例子。[3]艾森豪威尔认为，要保证登陆的成功（并减少伤亡），最好的方法是在登陆前的数周和数天内，动用盟军空军轰炸法国和德国的交通枢纽。根据艾森豪威尔的理念，实施这种"交通战略"将阻止纳粹集结部队对盟军登陆的反击。为了实施这一战略，艾森豪威尔想要将盟军空军置于他的直接指挥之下。

美国和英国的盟军空军指挥官不赞成艾森豪威尔的"交通战略"。他们主张，盟军反而应该轰炸德国的制造设施，以削弱德国参战的能力，并将战斗机从诺曼底海岸引开——他们认为，这两种做法都能比轰炸交通枢纽更有效地支援盟军登陆。不出所料，这些指挥官也强烈反对将他们的空军置于艾森豪威尔的直接指挥之下。

这个例子的重点不是比较这些战略的优劣，而是展现艾森豪威尔如何处理相关冲突，以及在这个过程中如何构建了一个关于 SHAEF 内部决策方式的故事。这个过程耗时 4 个多月，艾森豪威尔和他的团队需要与涉及这个决定的每一个重要利益相关者进行协商，并促使对方就相关问题展开讨论，直到达成共识。然后，当时机成熟时，艾森豪威尔就能够执行他的"交通战略"。

艾森豪威尔先是组建了一个团队，团队成员是来自各个国家、各个军种的有名望之人，而且都认同艾森豪威尔的战略分析。接着，他与联合参谋长委员会（美国和英国组建的，SHAEF 向其汇报）、温斯顿·丘吉尔（Winston Churchill）与富兰克林·罗斯福（Franklin Roosevelt）及其各自的团队开了一系列的会议，探讨"交通战略"的重要性。

与此同时，艾森豪威尔和他的团队与美国和英国的空军指挥官进行了讨论——对方是最反对执行"交通战略"的人。起初，与这些"空军大佬"之间的讨论并没有化解冲突。事实上，作为对这些会议的回应，他们制订了新的计划——使用盟军轰炸机炸毁德国的石油开采设施，而不是配合艾森豪威尔的"交通战略"。

艾森豪威尔及其团队与各个关键利益相关者持续进行沟通。丘吉尔和他的战时内阁对"交通战略"可能导致的法国平民伤亡问题提出了疑虑。但是，艾森豪威尔及其团队持续与这些利益相关者保持了密切的联系。

1944 年 1 月，艾森豪威尔返回美国商讨战事并进行休整。其间，他与美国陆军参谋长乔治·马歇尔（George Marshall）多次会面，强调了"交通战略"的关键作用以及统一空军指挥权的迫切性。然而，在英国，一些"空军大佬"和政界人士却在背后阻挠艾森豪威尔的计划。艾森豪威尔重返英国后，他和他的团队克服了霸王行动相关的诸多后勤和战略难题，但各方对"交通战略"仍然未能达成一致。

艾森豪威尔和丘吉尔及其参谋们经过漫长的协商，最终在原则上达成了一个折中方案。但是，这个方案的执行细节仍然存在争议——艾森豪威尔希望能够指挥盟军空军，而空军指挥官们只愿意接受艾森豪威尔的监督。最后，他们同意让艾森豪威尔对盟军空军进行"指导"。[4]

在最终的协商过程中，忍无可忍的艾森豪威尔发出了辞职的威胁："见鬼，你们去告诉那些家伙，他们必须团结起来，停止像孩子一样争吵，否则我就不干了。我会告诉首相，让他另请高明，打赢这场该死的战争！我不干了。"[5]值得一提的是，即使在威胁要辞职的时候，艾森豪威尔也没有给下属提供具体的冲突解决方法，只是告诉他们必须解决这个冲突。

最终，艾森豪威尔在基本实现了统一指挥权的情况下，成功地执行了他的"交通战略"。

也许，艾森豪威尔对其核心价值观的坚持，最好的体现就是他在 1944 年 6 月诺曼底登陆前所写的两篇演说稿。[6]在登陆开始的前一天晚上，艾森豪威尔向盟军远征部队的士兵、水手和飞行员发表了一篇演说，部分内容如下：

> 你们马上就要踏上征程去进行一场伟大的圣战，为此我们已精心准备了数月。全世界的目光都注视着你们，各地热爱和平的人们的期望与祈祷伴随着你们……这是一项艰巨的任务。你们的敌人训练有素，装备精良，久经沙场。他们肯定会负隅顽抗。但是……我对你们的勇敢、责任心和作战技巧充满了信心，我们迎接的只会是彻底的胜利。祝你们好运，并让我们祈求这伟大而崇高的事业获得成功。

艾森豪威尔的第二篇演说稿并未派上用场。那是他在一张纸片上随手写下的，是他计划在登陆不成功的情况下发表的演说内容。

> 我们在瑟堡－勒阿弗尔地区的登陆遭遇了重大挫折，我已经命令部队撤退。我选择在这个时间和地点发起登陆是基于当时最可靠的情报。陆军、空军和海军都表现出了无与伦比的勇气和忠诚。如果这次行动有任何罪责或过错，都应由我一人承担。

在第一篇演说稿中，艾森豪威尔坚持他的核心价值观，期待一场彻底的胜利，并将所有的功劳归于部队的"勇敢、责任心和作战技巧"。在第二篇演说稿中，艾森豪威尔始终保持真诚——他承认了失败，并将所有的"罪责或过错"都归于自己。

在努力变革组织文化的过程中，你是否愿意完全真诚地遵循你的核心价值观和信念？

第 4 章

做自己的故事的主角

你可能已经发现了，我们到目前为止分享的所有故事有一个共同点——都讲述了领导者通过自己的行为，构建了文化变革的故事。要想让这样的故事具有改变组织文化的潜力，它们必须以领导者为主角。

其中的原因显而易见。回顾第 2 章，文化变革之所以困难，一个原因在于员工往往有充分的理由质疑领导者的变革决心，尤其是当企业开始遭遇其他方面的业务挑战时。对于这些员工来说，即便是领导者对文化和文化变革的重要性做出了表态，他们似乎也难以信服——他们曾亲眼看见这种"空谈"的破产，领导者随即抛弃了自己的承诺，大家的期待落空，曾经占主导地位的组织文化卷土重来。

在这样的环境中，不难理解，许多员工——即使是那些认识到文化变革的价值的人——会在文化变革的参与和承诺上有所保留。明智的做法是保持低调——按规矩办事，参加培训，签署承诺等。假设你的企业是少数能够真正变革文化的企业，对这些谨慎的员工而言，在文化变革上保持谨慎的态度并不会让他们吃亏。此外，如果文化变革真的启动了，对他们而言也是一件美事。他们会加倍地履行自己的承诺，并在变革真正发生后加入变革的行列。

但是，如果努力变革组织文化的尝试未能取得成效呢？事实上，数据表明，这是大多数文化变革项目的真正归宿。那些全身心投入文化变革的员工可能会发现自己陷入了一种非常尴尬的境地——成了一次失败的文化变革的主要支持者。由于这次失败，他们可能会被要求离职。或者，即使没有被迫离职，他们也可能选择主动离职，去寻找他们向往的组织文化。

文化变革的恶性循环

在这个意义上，是否支持文化变革，往往也意味着是否更换工作。理所当然地，许多员工——尤其是在文化变革失败率较高的情况下——会对文化变革的承诺持谨慎态度。

讽刺的是，这种谨慎可能是文化变革努力失败的原因之一。这就形成了图 4-1 所展示的"自证预言"——员工对文化变革的承诺不足，会降低这种变革成功的可能性，进而降低员工对促成这一变革的承诺意愿，从而降低这种变革努力的成功率，如此循环。

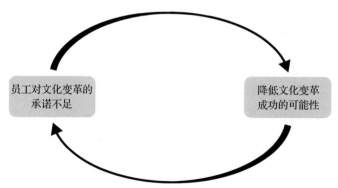

图 4-1　员工对文化变革的承诺与文化变革成功的可能性的关系

你可以发挥至关重要的作用，阻断这种恶性循环的发生，只要你以一种可信的方式展示你对文化变革的坚定决心。然而，简单的口头承诺，比如"我非常、非常重视文化变革"，是无济于事的，这样的话还是显得过于空洞。

阻断恶性循环

你不能只是空谈，你必须付诸行动。要做到这一点，你可以用一种直截了当（而且不容易改变）的方式，把你为文化变革构建的故事和你的个人身份紧密结合。换句话说，你必须成为你自己的文化变革故事的主角。因此，这些故事：

- 不应该只是讲述历史上一些令人敬佩的人物（"这是我从亚伯拉罕·林肯那里汲取的领导智慧"）。

- 不应该只是讲述一些有趣的故事，然后讲述从中获得的宝贵的管理经验（"有三位首席执行官走进了一家酒吧……"）。

- 不应该只是讲述企业里其他员工的激励人心的故事（"让我来告诉你们，亚特兰大分部的某位员工是如何在客户服务方面树立榜样的"）。

- 不应该只是你对文化变革的承诺的强调（"我非常重视文化变革，非常重视"）。

- 不应该只是罗列你的愿景和价值观（"我的核心价值观是诚信、正义和奉献"——这是每一位领导者都应该具备的）

相反，你必须采取行动，构建文化变革故事。

"构建"在"构建故事"这个词组中是及物动词。如果你不愿采取行动去在企业内部构建一个有助于文化变革的故事，那么员工很可能会怀疑你的文化变革决心。而如果没有这样的决心，就会陷入恶性循环。

看看安妮特·弗里斯克普的故事。她作为一家小型高科技公司的新人，构建了一个故事，这个故事不仅塑造了那家公司的文化，也影响了她后来工作过的其他多家公司。

做故事的主角

❖ 故事 4-1

我得亲自登船考察

◎安妮特·弗里斯克普，一家船队管理公司（名称保密）的执行副总裁

我刚毕业就进入了一家卫星船队管理公司，这家公司专门生产并销售各类船舶跟踪和监控系统。我入职的时候，公司还属于初创阶段，虽然有些资金支持，但经营状况并不佳。有一次，我和首席执行官以及他新招的另一位员工一起参加了一个重要的会议。他对我们说了一番经典的话："看看你们的左右。我无法继续负担你们两位的工资，所以三周后你们中的一位得走人。"

我毫不犹豫地起身，向门口走去。当我伸手去拉门把手时，首席执行官问我："你要去哪里？"我说："坐在这儿聊天是在浪费时间。我明白我们需要做什么。我们要去找客户，我们要去推销，所以我没必要待在这儿。"我沿着大厅走到差旅部门，告诉他们我要预定一张机票。"你打算去哪儿？"这是个好问题。我也不太确定我该去哪儿见客户，我只知道自己得离开这儿。于是我说："我要去……新奥尔良。"我选择新奥尔良，因为这是我唯一想到的有船队出没的地方。我在内布拉斯加州的一个农场里长大。小时候，父亲卖出的谷物都是用大卡车运到河边的船上，沿着密西西比河一路抵达新奥尔

良，然后装上远洋货轮，卖到世界各地。所以，我知道新奥尔良有船队。而且，我们的竞争对手把目光投向了西海岸，新奥尔良基本上是一片无人问津的地方。

于是，我坐上了前往新奥尔良的飞机。我兴奋地望着窗外的密西西比河，心想："那儿有船！有驳船！有船队！"我住进了一家破烂的假日酒店，把行李扔进了房间。接下来我该怎么办呢？黄页！那时候还没有互联网，所以我拿起那本破旧的大号新奥尔良黄页，把它放在那条脏兮兮的床单上。我快速翻阅着它，心中默念"船，船，船"。在黄页的广告里，充斥着渔船、平底船和"周末渔船出租"的字样。

我稍微停了停——我不该在"船"那一栏里寻找，而应该在"驳船"那一栏里寻找。于是我在黄页上翻到了"驳船"，发现了一些关于驳船购买、清洗和拖行等业务的广告。然后，我豁然开朗——我们的客户可能是在密西西比河上经营驳船拖行业务的拖船公司。

于是我开始联系新奥尔良的拖船公司。我打通了总机，接线员问我："你找谁？"我说："呃，你们的船队负责人是谁？船队经理吗？"对方说："哦，那是某某先生。请稍候，我现在为您转接。"

我打通了三家公司的船队经理的电话。我的推销话术是这样的："我来自加利福尼亚，我们公司有一些新颖的通信技术，跟你们使用的甚高频无线电不一样。我想了解你们是如何使用甚高频无线电的，以及它们有什么不足之处。"我记得其中一人说道："好的，女士！赶紧过来！我很乐意跟你聊聊！"这就是我的第一次客户邀约。

在一栋精致的全玻璃外立面的办公大楼里，我走进了他的办公室。我心想："在这样一座'玻璃塔'里，怎么能了解拖船的运作呢？"所以我基本上在采访他。我问道："您是如何管理一支船队的？您是如何与船员保持沟通并了解他们何时需要补给的？您如何为他们的工作计费？"我半开玩笑地表示："您是不是就坐在办公室里，看着这些拖船来来去去？"他反问道："你曾经坐过拖船吗？"我回答："没有。""你想不想试试？"我说："当然愿意。"当天之内，我就应邀从巴吞鲁日乘坐拖船前往新奥尔良，更加近距离地接触了我们的目标客户。

置身密西西比河上一艘拖船的操舵室，这是一种令人惊叹的体验。这艘拖船配备了超 10 000 马力的双引擎，牵引着一艘半英里[⊖]长的驳船。顺流而下时，若要想让这样一艘庞然大物停下来，需要两英里的制动距离。

在与船长并排而坐的时候，我向他提出了一连串的问题："你们需要填写哪些文件呢？"他拿出了一些绿色的分类账，上面有各类表格的填写指南——用于记录驳船的货物装卸情况。"这些信息的作用是什么呢？什么时候寄给你们的办公室？"我又问。他向我展示了一张巨大的绿色纸，长约两英尺[⊖]，宽约三英尺，说道："嗯，当这张纸上的空格都填满了，我就要把它寄给休斯敦。"我问道："多久才能填满一张纸呢？"他回答："大概四个星期吧，要等到我们有足够多的驳船装卸货物。"我又问："你们如何向客户开具账单呢？"他表示："嗯，得等到这张纸寄到休斯敦之后，我们才会执行这一步。"

我在新奥尔良逗留了几日，随后驱车前往休斯敦，探寻那些绿色纸张的去向。我走访了这家公司的总部，见到了分散在数个楼层的数据录入员，他们忙着把驳船卸货信息输入到陈旧的系统——Unix 中。接着，销售部门的人员会把录入的数据与销售合同进行比对，核实卸货的内容和数量是否与合同一致，以及这项服务的报价是否正确。

从驳船卸货到开具发票收取服务费，这个过程的耗时可能长达 90 天。

我回到加利福尼亚，开发了一个船队管理软件系统，用于跟踪船队的物

⊖　1 英里 = 1609.344 米。
⊖　1 英尺 = 0.3048 米。

流状况和电子账单。同时，我们设计了触摸屏机载软件，让船长可以在操舵室里，通过在屏幕上点击驳船的图标，直接将驳船装卸信息录入系统。这些信息通过卫星传输至公司总部，然后自动与相应的销售合同进行比对，计算出服务的价格。接着，系统会在 90 秒内出具发票，并通过电子数据交换系统直接发送给客户。该系统极大地改善了驳船行业的现金流状况。

后来，我们占领了 90% 的市场。几乎每一家拖船公司、每一家驳船公司，都不得不使用这个系统，因为在旧的系统中，它们的现金流被漫长的收款周期困扰着。一旦有一家公司使用了这个系统，其他公司都想及时跟进。

我在自己的职业生涯中多次分享过这个故事。我用它来解释我们与客户合作的标准，我们如何亲身了解客户的工作方式，以及我们如何改进客户的业务。我想激发大家的好奇心。我希望所有员工都有追寻那张纸背后故事的好奇心。"客户的主营业务是什么？他们的工作流程是什么？他们的业务是如何运作的？我们是否有能力优化这些业务？"这就是我想要培养的思维模式。

在开拓渔业领域的业务时，我也采取了类似的做法，与美国东海岸的商业捕鱼船队建立了合作关系。我亲自登上渔船，体验了扇贝捕捞的全过程，了解了监测的细节。我们用计算机化的渔船监测系统替代了船上的观察员，他们原本要在甲板上数着一袋袋的扇贝和鱼。这样既能满足国家海洋渔业局对渔业作业的监管要求，又能通过卫星将一家公司的船队与总部联通，提高通信和物流效率。通过这种方式，我们就能够监测整个船队的捕捞效率，让船队在遵守政府规定的配额的同时，尽可能多地捕捞到扇贝。

我希望公司的销售代表和工程师不仅能够销售我们现有的产品，而且能够深入了解客户的需求和痛点，然后思考能够如何利用现有或潜在的资源来帮助客户解决问题。为此，我们需要掌握客户的问题——我们必须深入现场，亲身感受客户所处的环境。

安妮特最初的想法只是保住自己的工作。她明白，她不能待在公司总部，凭空猜测客户的需求。她必须深入现场，与客户交流。安妮特大胆地进入了那些无人涉足的领域，开始在公司内部塑造一种"销售文化"，这种文化在她的整个职业生涯中都给她带来了巨大的帮助。

安妮特本可以让一名销售助理代替她前往新奥尔良、巴吞鲁日、休斯敦等地深入现场，但她选择了做自己的故事的主角。

值得一提的是，在现场拜访客户时，安妮特是船队管理业务团队中少有的几位女性之一。但她从不在意别人的看法，始终坚持自己认为对的事情，亲自走访客户，这种勇气让她构建的"销售文化"故事更加鲜活有力。

在文化变革方面，你的行动胜过你的言辞，但别误会，激励性的言辞也可以帮助阐明并激发文化变革的必要性——我们将在第 8 章深入探讨这一点。但没有行动支撑的言辞是空洞的，也没有多大的说服力。只有当你开始"以身作则，展现你想要创建的文化"时，文化变革才能真正启动。

在困境中成为故事的主角

成为文化变革故事的主角并不总是一帆风顺的，尤其是在你试图变革组织文化的行动遭遇挫折时。让我们看看迈克尔·舒茨勒创办第一家公司的经历。

❖ 故事 4-2

我在墙上写下了价值观

◎迈克尔·舒茨勒，FreeShop 的创始人兼首席执行官

我当时 35 岁，正忙着创办我的第一家公司。我曾经在某本书上看到，如果想创业成功，你需要一种强大的组织文化，而这种文化必须立足于一些

价值观。这对我来说似乎并不困难，所以我开始列价值观清单。我写下了五个价值观，觉得很不错。我在心中暗想："我已经解决了组织文化的问题。这份价值观清单就是公司需要遵循的组织文化准则。"于是，我把这五个价值观写在了一面墙上，这样每位员工在经过前门时都能看到它们。

在职业生涯的初期，我养成了一个习惯：尝试获取反馈，看看事情进展得如何。所以，我询问了一些员工，想了解他们对我的价值观清单有何感想——我自信地以为他们会赞同我的这一"明智做法"。但不少员工的回答让我惊讶："你知道吗，那份价值观清单根本不靠谱。"我大受震撼，感觉受到了冒犯。我指着那份清单叫道："不！我是认真的。我希望围绕这些价值观打造公司的文化。"

他们的回答继续让我震惊："我相信你是认真的，迈克尔。但那些是你的价值观，并没有反映公司的实际情况。我们没有实现这些价值观的基础，它们和我们格格不入。价值观应该基于员工真实的面貌，而不是你心目中理想的员工模样。"

最后一句话就像一颗炸弹，在我的脑海中引爆——让我真正警醒了。当然，他们说得没错，我的价值观清单只是我的个人想法而已。于是，我们开始讨论公司真正的价值观，以及我们期望拥有的价值观。我们抹去了墙上的价值观，开始探讨"我们是怎样的一群人？""我们如何才能成功？""我们如何行事才能延续我们的成功？"。

正是这些讨论展现了我们真实的面貌。此外，为了在未来的几年内取得成功，我们也明确了自己的改进方向。

这对我来说是一个宝贵的教训。比如，我曾在清单上写下这样的价值观——享受工作的乐趣，但事实是，我们是一家初创公司，所有员工都在拼命工作，每周工作 100 个小时，早已累得筋疲力尽。当初的我想确保员工始终牢记，我们之所以努力工作，是因为我们有志于此，而我们必须找到一种方法，为这个艰辛的过程增添一些乐趣。

事实证明，享受工作的乐趣并不是绝大部分员工的优先考虑事项。根据员工的说法，他们加入这家初创公司，是为了帮助公司上市，赚取巨额的财富。没错，他们是想改变世界的"创业者"，但他们也想在这个过程中改善自己的经济状况。

除此之外，每位员工都有自己的娱乐方式。有些人喜欢打篮球，有些人喜欢和朋友一起下厨。所以，对于公司的许多员工来说，享受工作的乐趣并不是那么重要。他们不希望公司浪费时间去试图为他们的生活增添乐趣，而不是专注于上市这一目标。

员工坦言，他们梦想着将公司推向上市，这对他们来说意义非凡。他们也不否认，这样的成功会带给他们快乐的感觉。因此，只要"成功"是公司文化的核心价值观之一，他们就会心悦诚服地投入工作。待到公司上市时，便会使他们感到快乐。但是，快乐本身并不应是公司核心价值观的一部分。

迈克尔承认了自己的过失，并以此为契机构建故事，展示了自己谦卑、好学的态度。如果新的价值观清单不是迈克尔这位首席执行官亲自拟定的，而是由他人代劳的，它是否能产生同样的影响呢？恐怕不太可能——正因为是迈克尔亲自公布了这份清单，是迈克尔及时地承认了自己的错误，是迈克尔毫不犹豫地改正了自己的错误。正因为迈克尔是自己的故事的主角，他的故事才能深深地影响这家初创公司的文化。

承担产品缺陷的相关责任

迈克尔的经历表明，管理者的失误有时候可以成为构建文化变革故事的重要素材。其实，这样的例子在其他的故事里也不少见，比如马诺埃尔·阿莫里姆（故事 1-1）和卡尔·汤（故事 3-4）的故事。前者以一次服务失误为契机，构建了一个文化变革故事；而后者以自身对下属行为的失礼反应为素材，构建了一个文化变革故事。

我们采访的另一位管理者与我们分享了一个故事。故事中的他主动承认产品的缺陷，并以此为契机，在工厂中营造了一种"责任文化"。

❖ 故事 4-3

我为自己的失误负责

◎一家跨国巨头企业的首席制造官

我曾经担任企业在拉丁美洲某地工厂的经理。那家工厂生产的一种清洁产品——属于一个本土品牌——在当地市场上颇受欢迎。有人提出了一个想法，希望为这个产品系列增加一种新功效。产品小组觉得这是件易如反掌的事情，可以迅速完成。得到大家的一致同意后，我们便改良配方，推出了一款新产品。

我们的新产品刚上市两周就被经销商退货了。原来，新产品的瓶盖一旦被打开，就会散发出一股难闻的气味。我们虽然对新配方进行了稳定性测试和验证，却没能发现配方的缺陷。很明显，原料的配比出现了问题。

当产品陆续被退回而且显然有缺陷时，我们最开始的几天都在忙着确认，或者说是在忙着推卸责任。问题的根源究竟在商业部门还是技术部门？是产品的成本和生产进度，还是配方的稳定性出现了问题？

我们就在这种相互推诿的心态下度过了一段时间。一天，我在办公室里，仔细端详着我们的产品。我把它翻过来，背面的标签清楚地显示这件产品由本地的工厂制造。我立刻想到——这个工厂的经理是谁？是我！那么，谁应该承担责任？也是我！无论是谁失职，是谁出了差错，问题的关键在于，这是我的工厂，我是负责人。

意识到这一点之后，我决心带头解决这个问题。我立刻致电我们的区域总部，对商业部门和技术部门的负责人表示："我们的产品出现了问题，这是我们工厂的责任，我不能推卸。我们必须从商店召回产品，用环保的方法处理掉有缺陷的产品，然后修改配方，重新上市产品。但我们的规模太小，没有足够的资源来实现上述目标，你们能不能帮我们一把？派人来支援我们？"

我继续说道："我们要尽快解决这个问题，恢复产品的质量，然后追查问题的源头。我们要从失败中汲取教训，防止同样的事情再次发生。我不在乎是谁造成了这个问题，也不想追究是谁的责任。我只知道，作为工厂经理，我应该为此负责。所以，我们要立刻行动起来，解决问题，确保不会再发生同样的问题。"

管理一个组织，就要承担相应的责任，这是我在参与过的每个成功运作的项目中表现出的共同点。我最近的职责是协调企业全球各个工厂的供应链。如果组织里有人预测失误，导致我们积压了过多的库存，那么无论是谁的过错——你掌管库存，所以你要负责。如果预测失误导致库存不足以满足客户的需求，那么无论是谁的过错——你控制产能，所以你要负责。

我们只有勇于承担责任，才能避免在责任归属上浪费时间，从而把更多的精力放在改正错误和防止类似的事件再次发生上。

这位管理者清楚地阐明了他想要在工厂中塑造的文化。他不再容忍相互推诿的文化，反而提倡员工为自己的所作所为负责。他正在构建一个文化变革的故事。

这个故事更具说服力，因为故事的主角不但要求他人为自己的所作所为负责，而且他自己也勇于承担责任。这位管理者成为自己的故事的主角，而他构建的故事对他的工厂的文化产生了深刻的影响。

另外，故事中那种增加了新功效的清洁产品，后来在市场上大受欢迎。

作为故事的主角，你不可孤军奋战

要树立新文化的榜样，你必须展现新文化的风貌，这要求你必须在自己的文化变革故事中扮演主角。但是，你在构建这些故事的时候，也不可孤军奋战。如果能有其他人与你同行，见证你榜样的力量，领悟榜样对文化变革的影响力，那就再好不过了。你的故事需要主角，但也需要配角讲述和传播你正在构建的故事。

宝洁旗下吉列品牌的负责人阿尔贝托·卡瓦略，在努力改造吉列产品开发模式的过程中，领悟到了这个道理。

❖ 故事 4-4

我即将前往印度

◎阿尔贝托·卡瓦略，吉列全球业务的副总裁

我刚加入吉列的时候，就被公司委以新兴市场的业务——负责非洲、南美洲、亚洲等地的市场。我很快就意识到，我们在这些市场上的表现不尽如人意。我们在一些地区的市场份额很低，利润率也很微薄。作为一个新人，我一眼就看出了问题所在。作为一家技术导向型公司，吉列与消费者相隔甚远，尤其是在新兴市场。

举个例子，根据我们的运营模式，我们利用最先进的技术打造出最优质的产品，这个过程需要耗费数年的时间，等到产品开发完毕，才交由市场部进行推广。有些时候，市场部直到产品上市前半年才了解新产品的详情！

　　新产品起初都是针对相对发达的市场而设计的，并在当地销售，若干年后，我们才把它们引入新兴市场——可是实际情况告诉我们，它们在新兴市场的销售并不理想。为了扭转这一局面，我们需要为低收入消费者（例如印度和其他新兴市场的消费者）量身定制一款产品。我向团队提出了这个想法，他们表示公司已经做过这样的尝试，但没能成功。于是我索要了更多的信息。

　　吉列针对印度市场推出了一款名为 Vector 的剃须刀，但它的销售表现不佳，消费者的评价也很差。比如，消费者抱怨这款剃须刀容易被胡须堵塞，即便它配备了一个塑料装置来便利清洁。

　　我问道：“你们是如何测试这款产品的？”

　　“我们会去马萨诸塞州剑桥市的麻省理工学院，那里有许多印度学生。我们向他们大量分发了这款产品进行试用，获得了很高的满意度。因此，根据这些非常正面的反馈，我们决定在印度发布这款产品。可是它一直卖得不好。”

　　在接下来的几周内，我就安排好了去印度的行程。我对我的管理团队表示：“我即将前往印度，花一周的时间研究印度男士的剃须习惯。”

　　这个决定在公司内部引起了轩然大波。“你是吉列的副总裁，没必要亲自去。让我们来吧。我们可以派研发部和市场部的人员去印度。”我回答：“不行。我要亲眼看看他们是如何剃须的。这样我才能了解当地的市场机遇。”

　　当然，在我决定前往印度后，就有不少人表示想要和我同行。最后，我带领一个庞大的团队开启了这段旅程——研发部的两名成员、市场部的两名成员、工程部的一名成员、产品供应部的一名成员，以及英国研发实验室的两名成员。

　　英国的这两名同事对这次的印度之行感到很不解：“我们不知道你为什

么非要去印度。伦敦有这么多印度人，我们完全可以和他们沟通。"

我回答道："我们对印度和印度男人的剃须习惯都不甚了解。但如果我们只是待在伦敦，我们永远也无法了解这些。"于是，我们便动身去了印度。我们开始接触潜在的消费者，一大早五点钟就前往他们的家中，观察他们剃须的过程，询问他们一些与剃须相关的重要问题。我们的研究对象主要居住在低收入地区。

我们发现，不少低收入的家庭共用一个卫生间——有时候一个卫生间要供 30 个甚至更多的家庭使用。因此，在这样的环境里，大部分男士都不会在卫生间里剃须。相反，他们只能在自己家中的某个房间解决这一需求，而这些房间往往没有灯光和自来水。他们只能借助一面挂在墙上的小镜子和一杯水完成整个剃须过程。他们甚至连放剃须刀的地方都没有。

很显然，这些男士没有太多的预算来购买剃须刀，这一点我们也有所察觉。实际上，工程部和财务部的一些同事曾告诉我们，我们的这趟印度之行可能是白费力气："没有必要跑那么远。众所周知，他们需要的是低价的产品，而我们无法生产这样的产品。我们的平台不适合制作这样廉价的产品。"

但问题的关键不仅仅在于产品的价格。事实上，无论售价如何，我们的产品都不适合印度市场。大多数在美国和伦敦试用 Vector 剃须刀的印度男士都在卫生间里剃须，利用自来水的冲力来清理剃须刀。但在印度，很多男士没有这样的条件，他们只能将剃须刀放入一小杯水中来回摇晃，以此作为一种清理手段。难怪 Vector 剃须刀会那么容易被胡须堵塞！

英美男士追求干净利落的剃须效果，所以他们选择购买配备多个刀片的剃须刀。印度的大部分男士只希望在一天的前半段保持清爽的脸部形象。而且，英美男士通常有专门的地方放置剃须刀（产品收纳盒）。印度的男士则没有这样的条件，他们只能把剃须刀挂在剃须镜旁边的一个小钉子上。可是

Vector 剃须刀的手柄上没有一个可供悬挂的孔洞。简直难以想象，这样的设计会有多么不便。

总之，我们之所以不了解印度当地的男士需要什么样的剃须产品，是因为我们不了解他们的剃须习惯；我们之所以向他们推销错误的产品，是因为我们不了解他们的需求；我们之所以以高价出售错误的产品，是因为我们自认为无法生产出具有价格优势的产品。正是由于这些原因，我们在印度市场遭遇了失败。而且，我们还不清楚这个市场究竟有多大的潜力。

在从印度回国的途中，团队成员聚集在飞机上展开讨论。我们都觉得印度是一个商机无限的市场，问题是我们能否提供合适的产品和价格。于是，我们决定开发一款新型剃须刀，主打单刀片的精简设计，无须自来水也可轻松清洗，且手柄上加入孔洞设计。这款产品的成本必须控制在吉列目前最廉价的剃须刀的三分之一，这样才能在市场上卖出我们想要的零售价。

后来，我们开发并测试了一款新型剃须刀，它的价格远低于印度市场上的任何竞品。这款产品获得了巨大的成功。短短几年间，我们的市场份额从零起步飙升到了 18%。在发布的头两年内，就有超过一亿人次的印度男性购买了这款产品。

这个故事的意义不仅仅在于帮助公司提高在印度市场的剃须刀销量，更在于改变了吉列的产品开发模式。我们第一次前往印度近距离接触当地的消费者，这在公司内部掀起了轩然大波。第二次前往印度时，大多数的同行者都热情地投入了考察过程。待到第三次前往印度时，同事们已经看到了实实在在的成效，他们都渴望合作。在第三次赶赴印度的途中，两位副总裁也加入了我们，他们各自负责吉列的部分业务。他们以前从未如此近距离接触过真实的消费者群体，而这次，他们终于目睹了印度男士剃须的场景。

经过一段时间的实践，我被邀请在公司各个部门分享这种以客户为中心的产品开发模式。当然，技术开发对于吉列来说依然至关重要。但如今，产品开发的第一步，就是去深入了解消费者的需求和偏好。

毫无疑问，阿尔贝托是他自己的故事的主角。实际上，他在采访中曾经表示："我们完全可以让一个实习生写一份报告，介绍印度男性的剃须习惯。但这样的效果可能远不如我和我的团队亲自走访印度市场。"在阿尔贝托看来，文化变革不是一件坐享其成的事情。

他也完全可以独自前往印度，或者只带上几名赞同他观点的同事，但他却选择与多位团队成员同行，甚至包括一些对这趟旅途不抱希望的同事。这是一个大胆的决定。毕竟，他们到达印度后可能一无所获，发现不了任何有关印度市场及吉列产品的有用信息。就像本书中讲述的其他文化变革故事一样，阿尔贝托的故事也让他个人承担了风险。

他率领他的团队（尤其是有一些持怀疑态度的团队成员）赶赴印度，这成为吉列文化变革的关键一步。团队成员亲眼看到了印度消费者的情况，并在回国后成为变革的倡导者，与那些仍然固守旧的技术导向型文化的怀疑者展开了辩论。最后，初次的印度之行引发了后续更多的印度之行，这进一步促进了吉列文化的变革和发展，有助于吉列的组织文化完成转型。

在组织文化方面以身作则

价值观、信念和规范等概念是构成组织文化的基础，但它们往往是抽象的，难以落实。你可以在嘴上说说，但这些词的含义，也就是它们究竟如何影响你的组织决策，可能不甚清晰。在你想要改变现有的组织文化或者从头打造一种组织文化时，情况更是如此。

这也是管理者需要成为自己的故事的主角的另一个理由。你的员工非常在意你的言行举止，而且在意程度或许远超你的想象。当你从事的活动展现了一些抽象的组织文化时，你的员工目睹了这些行为，他们就会对你力图塑造的文化产生更深刻的认识。

当然，组织中的其他人也有可能采取同样的行为，你也可以赞扬他们践行组织文化的举动。但是，你身为领导者，如果能身体力行地践行自己正在塑造的组织文化，将对文化变革产生莫大的影响。届时，才会真正吸引员工的关注。

模特出身的杰米·奥班宁如今是一家成功的护肤品公司的创始人，她也是公司的营销达人。她亲身登上了全球各地的电视购物频道，推广公司的护肤品。然而，她想要在公司内部构建的核心价值观——真实、美丽和赋能——都十分抽象。直到她造访了英国，事情开始出现转机。

❖ 故事 4-5

我的眉骨被撞得血肉模糊

◎杰米·奥班宁，Beauty Biosciences LLC 的创始人兼首席执行官

我从小就在护肤品行业中成长，目前仍在从事这一行业。我的父亲是一位医生，他原本是一位麻醉师，后来对皮肤医学和生物化学产生了浓厚的兴趣，并在我还很年幼的时候，成为一家美国顶尖的护肤品实验室的所有人。我一直钟爱化学和科学，我喜欢跟父亲一起待在实验室中，坐在显微镜前面观察各类样本。

后来，在我十几岁的时候，我最好的朋友偷偷替我报名参加了得克萨斯州小姐选美大赛青少年组的比赛。我对此一无所知，但出乎意料地夺得了冠军。在随后的十多年中，我一直是商业平面模特。在此期间，我和国内顶尖的化妆师合作，参加了各种各样的摄影项目，我总是好奇地问他们一些问题，比如"你为什么用这种面霜？""你喜欢这个产品的哪一点？""你为什么

运用了不同的化妆技巧?"。

可以说，我凭借着两种截然不同的"技能"进入了护肤品行业——一方面，我对护肤科学有着浓厚的兴趣和热爱，另一方面，我从世界级的化妆师那里学习了不少护肤实践经验。有了这样的背景，我创建了 Beauty Biosciences LLC。它以真实和美丽为核心。在公司的主会议室里，有一块霓虹灯灯牌闪烁着这些词语——真实和美丽。公司办公室主入口的墙壁上张贴的文字，是我们的另一个核心价值观——赋能。Beauty Biosciences LLC 的一切业务旨在传递真实和美丽——我们是一个致力于教育的品牌。如今，与护肤相关的信息比比皆是，却又充满了矛盾。我们致力于为消费者提供可靠的解读，帮助他们做出明智的选择。无论他们最终是否购买我们的产品，我们都希望他们会对我们充满信心。我们坚信，真实和美丽是我们的消费者与员工的力量之源。

我们公司的业务有很大一部分需要通过家庭购物频道展开（比如我们最早合作的家庭购物网络（HSN）以及后来并购了 HSN 的 QVC）。我在这些频道中展示我们的品牌与产品，在世界各地都收获了不错的效果。这也让我开启了一段疯狂的差旅行程。在一次极其重要的差旅中，我在 3 天之内陆续造访了德国、英国、意大利和法国，并在这些国家都参与了电视直播节目的录制。我们在德国的 QVC 频道上亮相，这档黄金时段的节目对我们至关重要。接着，第二天一早我就赶赴英国，在那里的 QVC 频道演播室中，我参加了一场 24 小时的节目，每隔 2 个小时就要为我们的产品做一次宣传，一直持续 24 小时。

我晚上 10 点回到酒店，处理完一些杂事，然后瞥了一眼时钟，已经是凌晨 1 点 4 分。司机 4 点 30 分就要来接我，所以我决定小睡一会儿。

于是，我披着浴袍，匆匆地去检查套房的门是否锁紧。房间的入口处一片黑暗，什么也看不清，我一头撞上了半掩着的盥洗室门框，眉骨瞬时变得血肉模糊。事情发生后，我迅速意识到我需要缝针，因为伤口处已经血流如注。可是我当天晚些时候还要参加电视直播推销护肤品——我的眉毛上会有个大大的伤疤，我担心我的眼睛会肿起来，脸上会有淤紫。我脑海中闪过的第一个念头是，我不能这样出现在电视直播中推销护肤品，因为我看起来像挨了一顿揍！

但是我想起了公司所倡导的价值观——真实、美丽和赋能。真实的情况是，人们都会遭遇不幸的事情——或是在家中，或是在其他地方，一头撞在门上。我们在生活中会伤到自己的眉骨，但这不会削弱我们真正的内在美，不会动摇我们作为人类的基本价值。这些信念赋予了我勇气，让我可以自信地去参加电视直播节目。

第二天，我只是简单地化了妆，用眉笔在眉骨处的绷带上勾勒出一条眉毛，然后把头发梳到一边，遮盖了那只受到影响的眼睛。

我提到了真实、美丽和赋能——这是我们公司的核心价值观。当然，在电视直播的那天，我看起来不太符合我们品牌代言人的形象。但是，我展现了我们品牌的精神——真实、美丽和赋能，销售额也创下了新高。直到现在，每当有人询问 Beauty Biosciences LLC 的"真实、美丽和赋能"有什么寓意时，员工都会讲起这个故事，谈到我如何伤到了眉骨，以及如何在电视直播中推销护肤品。

结　论

如果想变革或塑造你的组织文化，你构建的故事必须以你为主角。这不是为了满足你的自负，而是为了提高故事的可信度。这样的故事能够鼓舞其他人构建他们自己的故事，而他们同样是自己的故事的主角。这样一来，在你的组织中就能形成故事的连锁反应，最终改变组织文化。

归根结底，你不能把文化变革的起点交给他人。文化变革必须从你自己开始。而且，你在自己构建的故事中扮演主角，更有可能使他人认可这些故事的重要性、可信性和可行性。我们的研究表明，在自己的故事中扮演主角是决定你的故事能否助力实现预期的文化变革的最关键的因素之一。

让我们来看另一个历史案例。[1]莫罕达斯·甘地（Mohandas Gandhi）于1869 年 10 月 2 日出生于印度的海滨小城博尔本德尔。他留学伦敦并取得了律师资格，然后和妻儿一同移民南非，从事律师职业。在南非居住了 21 年后——其间他主张着积极非暴力的理念——他返回了印度。在那里，他成为印度独立运动的领袖。

回到印度后，甘地参与了一系列有组织的不合作运动。总体而言，英国对印度的政策并没有受到这些运动的影响。到了 20 世纪 20 年代中期，甘地寻求发起另一场运动，以此来唤起印度人民的斗志。

在统治印度的大部分时期，英国方面垄断了当地食盐的生产和销售。可以预见，这一重要的物资既昂贵又紧缺——许多最贫困的印度人无法得到维持健康饮食所需的食盐。甘地决定以一种象征性的方式反抗这种垄断，从而对抗英国在印度的统治。

为此，他从故乡艾哈迈达巴德出发，向古吉拉特邦沿海的丹迪地区前进，打算在那里违反英国的禁令生产食盐。他在 1930 年 3 月 12 日——当时他已经 61 岁了——带着 78 名志愿者开始了这段 241 英里的旅程。随着他沿途前行，大量人加入他的队伍。最终在 4 月 6 日，数千人在丹迪的海岸上，目睹他制出了一小把盐。

1930 年的"食盐进军"，点燃了数百万印度人民的想象力，也被普遍认为是重振印度独立运动的事件。它巧妙地展现了英国对印度统治的局限性，以及积极的非暴力不合作运动是如何凸显这些局限性的。当时，印度的独立还需多年才能达成，但它终究还是实现了。甘地的"食盐进军"则是这一过程中关键的转折点。

但请注意，甘地即使在 61 岁的年纪，也自己步行了 241 英里抵达丹迪的海岸。在 26 天的行程里，他平均每天步行 9 英里多一些。他没有让别人代替他行走，虽然他邀请了许多人陪他一道行走。为了构建一个故事帮助变革印度的统治方式，甘地必须在他自己的故事中扮演主角。

要改变你的组织文化，你是否愿意像甘地那样"步行至海岸"呢？

第 5 章

与过去决裂的故事暗含通向未来的道路

我们在前面讨论了成功的文化变革故事应具有两大共同点：故事必须是真实的，而且必须以领导者为主角。这两大共同点与文化变革故事的背景和结构密切相关。故事的背景必须体现领导者内心真实的价值观和信念，而故事在结构上必须让领导者成为主角。我们的研究显示，所有成功的文化变革故事都具有这两大共同点。

故事的背景和结构固然重要，但要用故事来引领文化变革，也需要重视故事的内容。文化变革的关键在于突破固有的思维、行为和反馈模式，并建立相应的新范式。因此，你要用故事来推动组织的文化变革，就必须清楚地告诉大家，哪些固有的思维、行为和反馈模式已经不契合现在的情况，需要被淘汰，并介绍新范式。也就是说，你的故事必须与过去的组织文化彻底决裂，并且描绘出通向预期中的组织文化的道路。

与过去决裂，吸引员工的注意力

组织文化由价值观、规范和信念构成，它们在公司内部可能已经深入人心，成为"惯例"。我们遵循组织文化的指引，是因为我们根本无法想象自己的行事方式与组织文化相悖。在极端情况下，我们甚至缺乏相应的词语描述与既有的组织文化相悖的行为。

例如，在故事 4-4 中，吉列的产品开发模式无法充分挖掘消费者的需求。他们从未把这视作一个重要的课题——直到他们亲自走访了印度市场。在故事 1-1 中，Telesp 的高管对客户服务的含义一无所知，直到他们不得不像普通客户一样体验自家客户热线的服务。而在故事 3-3 中，对 ADM 的一个业务部门而言，透明化管理几乎是个陌生的概念，直到新的领导者用一种全新的方式与团队成员沟通。

人们往往会习惯性（甚至是下意识的）地遵从既有的组织文化模式，所以，要用故事构建的方式来促成文化变革就必须吸引管理层的关注。由此，故事必须明确地表明，一些原本被视为理所应当的文化现象，将不再被容许存在。

有时候，引人注目的故事可能只是源于小小的事件，例如将一个爱迟到的同事拒之门外。

❖ 故事 5-1

将高管拒之门外

◎丹尼斯·罗宾逊，一家大型体育和娱乐场馆（名称保密）的首席执行官

我刚上任首席执行官的时候，手下的高管团队里有一位资深的业务专家，但他既不擅长领导，也不善于沟通。他表现得很强势，经常无端地与他

人争吵，喜欢顶撞别人，而且不接受建议。更让人无法忍受的是，他总是迟到，似乎是在故意让他的下属等他。我猜他以为晚到可以显示他的权威。

毫无疑问，他的下属对他十分不满。我明白我必须帮助他提升他的领导力、沟通力和情商。我决定从他的时间观念着手。我对他说："我希望你像其他人一样准时出席会议。如果你让 10 个人等你 5 分钟，你不仅是对他们不尊重，也白白浪费了他们 50 分钟的时间。"他答应改掉他迟到的毛病。

很快，我们迎来了公司当年的第一次会议。会议定于上午 9 点开始，可他却迟到了。我关上会议室的大门并上锁，然后开始了会议。大约 10 分钟后，门外传来敲门声。有人说道："那一定是……"我说："是啊，有可能。咱们继续开会吧。"会议持续了大约 10 分钟，而他一直在门外等候。最后，我打开门，让他进来。大家面面相觑，显得有些惊讶，但我一句话也没说。待他落座后，我们继续开会。从那以后，他再也没有迟到过。

在组建高管团队时，我遵循了一个简单的原则："不招害群之马。"我对团队成员表示："我们的目标是一起解决问题，我希望你们展现你们的智慧。你们可以提出不同的观点，但需要在相互尊重的基础上通过合作解决分歧，最终在互相倾听的氛围中学习、进步。而且，我希望你们能够享受自己的工作，与同事友好相处。"我毫不客气地对他们说："如果你们做不到这一点，那么你们不适合在这里工作。"我的原话就是这么直白。最终，我们组建了一个优秀而敬业的高管团队，并成功地举办了一系列举世瞩目的赛事。

我们相信，从此以后，再也没有员工会在丹尼斯的会议上迟到。锁门这个看似微不足道的举动，其实表达了与过去的决裂，暗含了通向未来的道路——一个员工尊重彼此时间的未来。

开辟通向未来的道路

我们可以看到，这个故事和我们前面介绍的其他故事都划清了与过去的界限，这也揭示了为什么有时候文化变革是如此艰难。当然，会有一些员工觉得你提出的文化变革代表一种新的风气。

但更多的员工会认为你的这一举措完全没有必要。

对于后一个群体而言，你的建议无异于毁掉他们多年来习惯的工作模式——你要求他们放弃旧的思维方式，接受新的思维方式。这对他们来说是一种折磨。

正因为如此，你的故事不能只是和过去划清界限，虽然这是必不可少的一步。你的故事还要描绘出一条通向未来的道路。正如接下来你会看到的，这并不意味着你需要在开始文化变革之前就把未来的一切都规划好。相反，提前规划未来的方方面面将剥夺员工和你一同塑造这个未来的可能性。这个共同塑造的过程可以帮助员工了解新文化的形成，并增强他们致力于打造新文化的决心。

一个有效的文化变革故事要满足两大需求，一是与过去划清界限，二是描绘出通向未来的道路，而且不过多地规划未来的组织文化。平衡文化变革故事的要素并不容易，但下面的例子可能会给你一些启发。

携手构建新的客户满意型文化

❖ 故事5-2

学会让消费者感到满意

◎梅勒妮·海丽，宝洁北美女性护理业务的副总裁兼总经理

我是宝洁北美女性护理业务的第一位女性负责人。这项业务陷入了持续

的低迷，销售和利润连年下滑，我肩负着扭转局势的重任。在这个岗位上，我发现了许多问题。团队成员在性别和种族上不够多元化，而且过于重视产品的功能，忽略了产品的舒适度、使用体验和设计。我深知，我们已经失去了为消费者的需求和期待服务的动力。

我首先做的就是调整团队的结构，使之更加多元化，更能贴合消费者的需求和期待——我们不仅要提升产品的功能和使用体验，还要让消费者意识到我们重视她们的意见。我感受到了一种使命感——我们要努力让女性享受我们的产品，让我们的产品带给消费者快乐。我们要让女孩的成长之路变成她们生命中一件美好的事情，就像男孩第一次剃须时所体会到的感受那样。我们若能把这件事情做好，女性便能更加自信，以一种更加强有力的姿态应对生活的各个方面。这就是我追求的目标和使命，而要实现它，就需要在整个组织中贯彻相关的理念。

于是，我们开始了这趟变革之旅。我们首先深挖了公司内部的各项研究和数据，还花费大量的时间与 12 岁至 55 岁的消费者沟通，了解她们的需求和对理想产品的期待。我们力图开发出一款功效让女性消费者满意的产品。我用来激励团队成员的一个例子是强生的芝麻街邦迪创可贴。当一个孩子跌倒，擦伤了膝盖，如果你只给他贴一张普通的邦迪创可贴，他可能还会哭个不停——你只是从功能上解决了问题，却没有从情感上安慰他。而芝麻街邦迪创可贴就有让他停止哭泣的魔力。我请成员一起思考：我们的产品能不能也实现这样的"芝麻街效果"？

我们的团队和消费者一起做对比试验，在试验中分别用到我们的产品、我们的竞品以及具备特定功能属性和设计元素的其他类别的产品。我们都明白，当我们坐在一起讨论这些产品时，每个人都更倾向于那些功效显著且使用体验令人满意的产品。这个对比试验让我们的团队领悟到了一个重要的道理：我们的产品不仅要在"第二关键时刻"（消费者体验产品的时刻）给消费者带来日常的满足，还要在"第一关键时刻"（客户购买产品的时刻）让消费者感到愉悦。

接下来，我们重塑了公司的创新项目。毫无疑问，我们的产品优于竞品，我们的团队多年前就拥有竞争对手当前的水平。如今，我们的目标是进一步改善产品设计，真正地让全球女性消费者感到满意。正因为我们的努力，我们的产品才拥有了更优质的外包装、更漂亮的内包装，以及蓝色吸收芯层、液体吸收材料（Always Infinity 是全球首款液体卫生巾）等新颖的功能性设计元素。我们开发了一种技术，使得我们的产品不仅能吸收 10 倍于自身重量的液体，而且会让使用者感到极其舒适。

我们还开发了名为丹碧丝（Tampax）Pearl 的新型塑料管卫生棉条系列产品，与倍得适（Playtex）展开竞争。这是我们第一次把功能性设计作为创新的核心。例如，丹碧丝 Pearl 卫生棉条的新颖设计就受到了珍珠光滑而美丽的外观的启发。我们以前的丹碧丝卫生棉条的内包装使用纸板制成，使用体验不甚舒适。在珍珠的启发下，我们制作了更光滑、触感更柔和的卫生棉条包装。

实际上，这个系列产品的一切设计旨在让消费者感到满意。我们舍弃了那种时而难以开启的包装盒，转而采用了类似钱包的新式包装。内包装在打开时不会发出刺耳的撕裂声，因为我们采用了静音的内包装设计。丹碧丝 Pearl 上市不到 5 年，就成为市场中的佼佼者。

团队成员对这一结果兴奋不已。从那以后，我们就立志于改善女性消费者的生活，打造女性消费者喜爱的日用品，这也成为宝洁北美乃至全球业务的新宗旨。

我们的变革取得了令人震撼的成果。我们的 Always 品牌已经占据了北美卫生巾市场的一半份额。在 6 年之内，Always 品牌的市场份额提升到了 60%，并且最终在塑料管卫生棉条市场中称霸。在这期间，我们的市场份额年均增长两个百分点。我们曾经多次尝试提升纸板包装的丹碧丝卫生棉条的市场份额，但是都没有成功，直到我们开始变革我们的组织文化，转而真正地关注消费者的满意度。

梅勒妮还补充了她在那些年里最大的收获：

（1）必须专注于消费者的需求或期待。有时候，我们会任由公司的内部资源推动创新，因为这样看起来更加高效。但这还远远不够，消费者就是上帝，我们必须努力提高服务水平，满足消费者的各类需求。

（2）要想改变公司，领导者必须制定明确的目标和愿景。我用产品让女性消费者感到满意，帮助对方展现女性风采，这不仅源于我个人的追求，也源于宝洁北美女性护理业务团队的共同使命。这样的使命感在我们的团队文化中得到了广泛的传播，激发了无限的活力和灵感。

（3）确保你的目标和愿景能够带来实际的业绩提升。你要清楚地了解业务增长机会的源头何在，然后制定可行的策略，开发创新的产品和商业模式，把握这些机会。我从一开始就坚定地宣布，我们的目标是市场份额年均增长两个百分点，而且我们确实找到了明确且有潜力的增长点来达成这一目标。

（4）让自己置身于一个多元化、协作性强、智慧非凡、激情四射的高管团队。我们需要的是一批能力卓越、充满活力的多元化人才，他们能为我们的世界带来有意义的变革。

梅勒妮让她的经理们看着消费者把产品分为"让人满意"和"让人失望"的两类，她用这样的方式构建了一个具有说服力的故事，表明宝洁的女性护理业务必须改变过去的思维——那是一种只注重制造效率和产品功效而忽视了"让消费者感到满意"这一理念的文化思维。此外，她还借鉴珍珠的光泽外表设计了一个新的产品系列，向她的经理们展示了通向未来的道路——一种让女性卫生用品不仅功效出色，还能赋予女性力量的文化。而这种文化的形成，为执行新的产品策略创造了条件，后来的财务表现也证明了这一点。

当然，梅勒妮如果只是对她的高管团队强调"让消费者感到满意"的重要性，团队成员也许会感到不解，这无异于有人用一门陌生的语言和他们交流。对于那些在原有组织文化中成长起来的人而言，这样的"说教"听起来就像疯子的胡言乱语。即使梅勒妮的业务理念是基于一个令人振奋甚至令人敬佩的目标——让女性在生活的各个方面都感到更加舒适和自信，上述情况也不会发生任何改变。这对于那些习惯原有组织文化并在其中获得了成就的人来说，这的确是来自陌生语种的语言。

梅勒妮打造的文化变革故事既体现了与过去的决裂，也描绘出了一条通向未来的道路。

回顾过去，开辟通向未来的道路

梅勒妮在宝洁北美女性护理业务方面推动文化变革有一个重要的优势：该公司已经拥有了一些宝贵的制造技术，并且在一些市场中已经取得了成功。她的文化变革故事可以让她的经理们明白，公司可以在保持传统优势的同时，实现更大的突破。只要他们认识到公司制造文化的局限性，他们就可以发现借鉴这种文化的精华的方法，来研发、生产和销售让消费者感到满意的产品。

小伊万·萨托里身为天纳克业务部的经理，正面临着一项更加严峻的挑战。天纳克公司位于英国，工会势力强大，其管理层与员工之间曾爆发过冲突。小伊万必须构建一系列的故事来彻底转变业务部的文化，否则它就有可能被总部裁撤。这些故事必须与过去决裂，同时描绘出一条通向未来的道路。而这个未来与该部门的历史有着密切的联系——第二次世界大战时期的不列颠之战。

❖ 故事 5-3

重现制造喷火式战斗机的精神
◎小伊万·萨托里，天纳克约克业务部的经理

　　我是天纳克新收购的业务部的经理。这个部门专门制造汽车零部件，为欧洲各地的汽车厂商提供服务。由于这次收购发生在近期，该部门的组织文化和天纳克的其他部门还有些差异。实际上，这个部门的经理们很难适应新来的美国上司，他们的想法可以用三句话来总结——"我才是这里的专家""所有人都清楚，只有一种最佳的工作方法""我们不需要别人来指挥我们"。

　　这些观念在经理们和员工们的心中根深蒂固，但是这个业务部的业绩却不甚理想。

　　因此，我被派来改变这个部门当前的业绩，或者说为这个部门的裁撤做好准备。我原本是周一才正式入职的，但我习惯预先前往我的工作场所熟悉一下工作环境。于是，我选择在周六前往工厂。出乎我的意料，我发现许多员工都在加班。当时已经是傍晚，员工们仍在忙碌，几乎所有的生产线都在运行。部门的业绩并不需要这么多人加班，但即便如此，员工们也大都留在了工厂。

　　我刚走进工厂大门，正要前往生产区，一个员工从那边走了过来，拦住了我的去路。

　　他问我："你是工厂的新管家吗？"

我说："抱歉，我不觉得这是我的职位头衔。"

他盯着我说道："第一次听说你要加入这个部门时，我们打了个赌，我们都想知道你能在这里坚持多久。大家一致认为你撑不过三个月。可如今我亲眼见到了你，我改变了主意。我估计你只能撑一个月。"

我尽量不去与他争辩，只是对他说道："很荣幸认识你。据我所观察，这里有很多工作要做。我们要进行很多变革——不只是你对我任期的猜测。我真心希望你能协助我，这样我们才能共同完成这些变革。现在，如果你不介意的话，我要去里面继续进行评估了。"

后来我才知道，这个男人是工会主席，我和他一起度过了不少艰难的日子。在我离开部门的时候，我感到非常欣慰，因为许多员工，包括工会的领导层成员，都为我签了一张精美的卡片，祝福我一切顺利。而他更是亲自将卡片交到我的手中。

在我于周一来到工厂后，我就不断听到这样的议论："这里的工作思路是董事和领导制定的，指令是工头下达的，而执行的是工人。"我明白，要想改变这种状况，我必须尽力消除这种文化。

这个部门的孤立程度可想而知。尽管装配、生产、技术和工程等不同的职能单元都在同一地点运转，但它们之间几乎没有任何交流。它们就像一些各自为政的小王国。这些单元之间存在着极强的排斥沟通的倾向，导致业务无法协调推进。而且，每个经理都只顾着自己单元的利益。

我们与客户之间的沟通也很不顺畅。我们对他们的需求一无所知。各个业务单元都不清楚我们的客户有哪些，它们从来没有拜访过客户的工作场所。

这里的业务既不公开也不透明，经营成果如同机密一般，严加保密。每次经营信息传到各个职能单元，都会招致一阵批评声——"你们做得不够好"，或者"你们的失误导致产品延期交付"，或者"你们的单元拖累了我们的绩效"。信息的分享只是为了责怪其他单元的无能，而不是为了找出问题的解决和改进方法。这让各个业务单元更加疏远，更加不愿意协作。

但这只是这个部门的一贯做法，员工们都习以为常。没有人想要改变经营模式。

可它在以前并非如此。其实，在第二次世界大战时期，这里是英国几家生产喷火式战斗机的工厂之一——这些战斗机为英国赢得不列颠之战的胜利发挥了关键的作用。这家工厂中有不少员工的父母都曾参与过那场战争，这些员工为这份传承感到骄傲。

在战争初期的黑暗岁月里，这家工厂生产了大量的战斗机，改变了不列颠之战的形势。那时候，工厂里的工人们表现出了奉献与合作的精神，至今仍让人敬佩不已。实际上，大部分员工都是那些英雄工人的后代，我为能在这样一个光荣的地方工作感到自豪。

我以这段历史为依据，着手变革工厂的文化。我提议用员工的父辈和祖辈在第二次世界大战中赢得伟大的胜利时所展现的那种精神来振兴业务的发展。我们需要建立一个联系更加紧密的团队，消除沟通的隔阂。我们必须制定一个共同的目标，认识到我们的敌人不是我们的同事，不是我们的客户，更不是我。

有一次，我得知一名员工在工作中受了伤，就前往他家探望。我想了解他的状况，看看我怎样才能帮助他和他的家庭。那时候，工厂上下都对我的这一行为感到意外。他们会说："我们不明白发生了什么……我们的领导竟然亲自去了他家……"不只是小时工有这样的想法，一些高级经理也是如此。对我来说，我只是想打破组织内部的等级壁垒，表明我们之间有更多的共同点，而不是差异。

我还调整了管理层会议的地点。我们不再离开工厂开会，而是在工厂内开会。会议期间，所有人都站在装配线的旁边。那些负责特定生产环节的员工也会到自己的工作区参与会议，提出他们的改进建议。如此一来，这些员工不再只是"执行者"，也成了"发言者"和"思考者"。

我们在非生产部门也采用了这样的做法。管理层会到某个业务单元开会，了解该单元的工作状况，这有助于增进彼此的理解，消除沟通的隔阂。在业务单元会议上，我们业务单元都会问一个问题："我们怎样才能帮到你们？"

这个问题已经成为我们文化的核心部分，不仅体现在我们内部，也体现在我们与客户的关系上。每当业务单元之间因协作产生问题，最关键的问题就在于"我们怎样才能帮到你们？"。双方都会提出这个问题，然后就有了合作的可能。因此，我们也开始向所有的客户提出这一问题："我们怎样才能帮到你们？"

我们对我们的业绩感到无比骄傲。一年之内，我们的运营效率就赶上了欧洲其他业务部的水准。它们曾是我们学习的榜样，如今，它们却经常前来参观我们的运营，我们便会向对方展示我们的最佳实践。

我们不但挽救了这个业务部，使它免于大规模裁员，还让它成为公司内部备受敬重的一个部门。我们对这些成绩感到无比自豪。

我觉得我们重现了当年制造喷火式战斗机的精神。

小伊万的故事帮助他的业务部与过去决裂，同时描绘出一条通向未来的道路。但值得注意的是，小伊万并没有否定过去的一切。就像梅勒妮·海丽在女性卫生用品案例中所做的那样，小伊万挖掘了这家工厂历史上的一些优秀元素——它在第二次世界大战中为保卫英国而发挥的重要作用，并试图在变革组织文化的过程中继承这些元素。

与过去决裂常常会引发矛盾

这一章的故事还有一个共同点，即构建故事并与过去决裂常常会遭到那些想要维持现状的群体的反对。为了与过去决裂，丹尼斯·罗宾逊（故事 5-1）不得不把他的首席财务官关在会议室门外。对于宝洁的梅勒妮·海丽（故事 5-2）而言，建立一个以"让消费者感到满意"为中心的文化被一些经理认为是对公司传统的高效生产方式的挑战。而对于天纳克公司的小伊万·萨托里（故事 5-3）而言，随着一种新的组织文化的形成，工会和经理人员中的既得利益者爆发了一些激烈的冲突和对抗。

文化变革的过程中，这样的冲突和对抗几乎难以避免。领导者应对这些挑战的方式，可能会成为影响文化变革故事的关键因素。迈克尔·斯佩格尔的故事就是一个明显的例子，他当时是汽车零售行业中一名年轻有为的经理。

❖ 故事 5-4

连续工作 36 个小时

◎迈克尔·斯佩格尔，考克斯汽车（Cox Automotive）的销售总监

我在职业生涯的起步阶段就明确了我的目标——我要拥有并经营自己的汽车经销店。所以，即使在财务部工作时，我也不会放过在汽车经销店学习销售技巧的机会。当我转到销售岗位时，我又在服务部门学习如何推销，如何在服务中促成新车的销售。即使我不属于公司的二手车部门，我也会去参加二手车的拍卖活动。

这种做法使我收获了两个启示。第一，我意识到了汽车经销店里的所有员工都需要学习如何通过协作创造业务收益，这一点至关重要。汽车经销店有时靠融资赚钱，有时靠卖车赚钱，有时靠汽车置换赚钱，有时靠汽车服务赚钱，有时靠业务的各个环节赚钱。汽车经销店内部没有哪个部门比其他部门更加"优越"——各个部门需要同心协力赚取收益。团队合作是汽车经销

店成功的一个关键因素。

　　由于我在汽车经销店的各个业务部门都有过培训的经历，我有幸在年纪轻轻的时候就担任了总经理——我在27岁时就负责了两家汽车经销店的经营。我知道我当时年轻气盛，现在回想起来，当一些员工试图挑战我，考验我对我所倡导的协作型组织文化的决心时，我也不该感到意外。这是第二个启示。

　　事情是这样的，那时财务部的两名高层人员尝试对我进行一次"敲诈"。他们闯进我的办公室，叫道："喂，我们忙得不可开交，有一大堆交易要处理，但在目前的状况下，我们根本完成不了工作。如果希望我们能按时完成所有的交易，我们需要大幅加薪。"而他们要求的加薪多得离谱。"所以，"他们接着说道，"要么你给我们俩加薪，要么我们俩走人。"

　　我毫不犹豫地答应了他们辞职的要求。我对他们说道："好吧，公司和你们签订了合同，你们为公司工作。如果你们不愿意按照合同办事，那么我完全尊重你们的选择。"我觉得他们有些吃惊，因为说到底，他们俩几乎撑起了整个财务部的业务。他们当时要处理大约40笔交易，而所有的交易文件需要在处理完成后打包寄给银行。财务部至少需要3名员工才能应付这样的工作。财务部的人手明显不足（这也是他们俩工作进度落后的原因），但现在这一部门已经无人可用了。

　　不过要知道，在担任总经理之前，我曾经在几个公司的财务部有工作经历。我接手了他们俩的40笔交易——将文件整理好摆放在我的桌子上，完成所有必要的工作。为了达成这个目标，我不得不连续工作36个小时。我36个小时都没回过家，而且请人给我送饭。我的妻子，当时还是我的女友，让我整晚给她发送我的照片，以确认我的状况良好。我记得我每隔一小时就会给她发去一张我和时钟的照片。

　　但请记住，每当有新客户到来时，我就得暂停手头的工作，将那些交易搁置，和新客户进行全新的交易，然后把相应的交易加入待办列表中。因此，我花了两天的时间，既要应付所有新的交易，又要处理我们积压的 40 笔交易。

我直到第二天晚上 10 点至 11 点才回到家，之后的一周，我一个人处理了所有的交易。没有人帮助我，也没有人接替我的岗位，而我还要处理两家汽车经销店的经营事务。所以，我相当于同时接手了整个财务部和两家店的销售总监的工作，这一状况大约持续了一周半的时间。后来我聘请了一位员工，他成了我的搭档和伙伴。接着我们又聘请了一位员工，这使我得以从财务部的工作中解放出来。再后来我们又聘请了一位员工，就这样，我们建立了一个稳定的财务部核心团队，一直维持了多年。

那一周，我接管了整个财务部，没有屈服于那两个员工的威胁，尤其是在那 36 个小时内，我始终坐在办公桌前处理手中的交易文件。这是一个被反复讲述的故事。的确，我在职业生涯中总是讲述这个故事。

有人问我为什么要如此冒险。对我而言，这是一个很明确的决定。我清楚我想要的是怎样的组织——重视各个部门之间的协作和团队精神的组织。而我也明白，这两个家伙的行为和这个目标背道而驰。我不能向这种"敲诈"低头，无论数额是多是少，无论时间是长是短，因为那样会毁掉我努力打造的理想文化。

连续工作 36 个小时帮助我带领那两家汽车经销店走向了财务成功，而这个故事——这个我曾反复讲述的故事——也助力我在自己的职业生涯中打造了更多成功的汽车经销店。那 36 个小时或许是我在职业生涯中做出的最佳投资。

毫无疑问，迈克尔有着坚定的信念和勇气。他清楚自己想要在公司中塑造怎样的组织文化，他也明白这种组织文化如何能带来经济效益。但是，他发现，与过去划清界限会制造相应的冲突，需要他加以应对。而且，他不能向这种冲突妥协，即使这意味着要连续工作 36 个小时。

迈克尔的经历让我们看到了文化变革故事的另一个作用——当你构建出一个真实的故事，一个以你为主角的故事，一个与过去决裂，同时描绘出一条通向未来的道路的故事，这个故事就会始终伴随你。即使你入职其他的公司，你有时还会被人称为"连续工作 36 个小时的家伙"——就像迈克尔那样，或者是"在前往新奥尔良的拖船上访谈客户的那个女人"——就像安妮特·弗里斯克普那样（故事 4-1）。在这些情境中，构建故事不仅会影响你当前所在的公司的文化，也会影响你未来入职的公司的文化。

推倒组织文化中孤立的藩篱

迈克尔·斯佩格尔毅然对抗了两名企图利用他的员工，而他利用 36 个小时的连续工作向所有同行证明，在他的公司里，这种行为绝对不会被姑息。

然而，文化变革所面临的阻力往往不仅仅来自几个想要"更新合同"的员工。在这种情况下，仅凭一个文化变革故事往往不足以实现预期的目的。我们不妨看看另一位管理者的例子，他面临的挑战是重振一家企业及其旗下的标志性品牌——这家企业已经陷入了孤立和成本过高的困境。

❖ 故事 5-5

变革一家传统行业领头羊企业的文化
◎一家跨国企业的首席执行官

一家跨国企业收购了一家非常知名的美国企业，我被任命为这家美国企业的首席执行官。在我接手这份工作的那一刻，我就意识到我将面临职业生涯中最严峻的一次文化变革挑战。

作为行业领头羊，这家企业有着百余年的悠久历史，旗下品牌在美国乃至全球都享有盛誉，产品销量在众多市场中都占据着领先地位。然而，这家企业的价值不仅仅体现在它的品牌影响力和销量上。

在我看来，这家企业无疑是行业的佼佼者，我曾多次参观其总部。它为同行业的优秀企业树立了典范。它的建筑设计优美，现代的自动化工厂令人赞叹。曾经的一位首席执行官领导这家企业多年，领导风格十分稳健。他从实际出发，将这家企业打造成了全球领先的企业。

然而，前任首席执行官接管这家企业后，企业就开始走下坡路。或者说，它早已走上了歧途，只是直到那时，问题才开始暴露。

在我上任后，我发现企业形成了一种极其僵化的等级分明的文化，各个部门之间互不沟通。此外，企业里充斥着一种不重视成本的文化。结果是，尽管企业拥有非常强大的品牌影响力和稳固的市场地位，但它过于臃肿，大部分业务的成本过高，而且极度厌恶风险。

作为一名空降的领导者，我肩负着改变组织内部高开支文化的使命。

我们早就掌握了降低成本的方法——跨国企业在这方面有着一套成熟的方案。在短短几周内，我们就裁撤了几百名正式员工，决定不再填补 200 多个空缺的岗位，还取消了一些外包职位。在收购完成之前，我们就向员工提供了"买断"的机会，有 1000 名员工（包括大部分高管人员）选择了接受，否则裁员的名单还会更长。我们实施了一些看似微不足道但实则意义重大的措施：要求员工在打印文件时使用双面打印，出差时入住普通酒店而非奢华酒店，选择廉价航空公司出行且不乘坐头等舱。我们还削减了与我们合作的广告公司的数量，缩小了一些营销活动的规模。同样，这些做法都是我们降低成本的策略，而且是跨国企业在并购中的一贯做法。

改变企业那种僵化、封闭、等级分明的文化，可谓是一项艰巨的任务。

企业的大楼空间宽敞，每个职级较高的人都有自己的办公室。我的办公室位于一个转角处，而我秘书的办公室甚至比我在其他跨国企业担任高管时使用的会议室还要大。高管有自己的餐厅，他们不与普通员工同桌用餐。我决定打破这种局面。我开始和员工一起吃饭，和厨房的工作人员打成一片，每次见到他们都给他们一个热情的拥抱。有一次，我们在企业的一处住宅举办了一次招待会，我看到一个餐厅的服务员在忙碌，我就走过去，亲切地拥抱了他，感谢他为我们服务，然后我们聊了几句。我想对所有的员工一视同仁，给予他们同样的尊重。

我察觉到房间里的所有经理都在嘀咕："这是什么情况？首席执行官怎么会拥抱餐厅的服务员？"

不久之后，我开始琢磨如何消除企业内部各个部门之间的隔阂。我不停地在心里问自己——我们该怎么消除这些隔阂，我们该怎么消除这些隔阂？然后我灵光一闪，想到了一个主意——我们需要真正地拆除一些墙。

那些经理过去都在各自的办公室里办公。几个月后，我把他们都搬到了一个开放式的空间，一个不被墙体隔断的空间。他们不再享受独立办公室的隐蔽性。他们早上什么时候来，晚上什么时候走，所有员工都一目了然。如果你想和其中的某人交谈，你可以直接在那个开放的办公空间中找到他们。

当然，我的工位也在其中。

显然，改变这家大型企业的组织文化，不是一朝一夕的事情，但我们努力的结果令人鼓舞。尽管近年企业面临财务危机，但在一年内，我们将开支压缩了三分之一，出售了价值数十亿美元的非核心资产，并以更优惠的条件重组了沉重的债务负担。我们的利润率和总利润都有所提高。我们认为我们已经让这家标志性的美国企业走上了长期成功的良好轨道。

这位领导者对成本控制的重视，是企业取得长期财务成功的一个重要因素。我们相信，每一项降低成本的举措，都会带来文化变革故事。但是，要让这家企业的所有员工感受到尊重，消除企业内部部门之间的孤立，这些文化上的变革比执行成本控制更具挑战性。和普通员工一起用餐，与餐厅的服务员建立亲密的联系，拆除办公室的隔断墙体，这些都是能够构建强大的文化变革故事的行为。而这种文化变革，正是这家企业的业绩开始好转的原因之一。

从危机中复苏

尽管这家美国企业在新任首席执行官上任之前可能就已经偏离了正确的方向，但它仍然拥有强大的品牌影响力和深厚的市场渗透力。这位首席执行官知道，如果能够建立正确的组织文化，他就能够利用上述优势来重现企业的成功。但是，当 DaVita——一家提供肾脏透析服务的企业——开启文化变革时，情况并非如此。它当时正在破产的边缘挣扎。

❖ 故事 5-6

我们需要跨越桥梁

◎迈克·斯塔菲耶里，DaVita 肾脏护理板块的首席运营官

我加入 DaVita 时是 21 世纪初，那时企业刚刚开始转型。在 20 世纪 90 年代末，企业名还叫作 Total Renal Care，处于破产的边缘。在 2000 年夏天，肯特·西里（Kent Thiry）接任首席执行官后，企业名变成了 DaVita（在意大利语中意为"赋予生命"），并开始了转型。

我们的转型迫在眉睫。我们不仅在财务上陷入困境，而且组织文化失去了活力。我们没有目标，丧失了正确的经营方向。而我们提供的肾脏透析服务关乎成千上万患者的生命。如果我们不能完成我们的使命，患者就

可能丧命。

　　企业士气低迷，人心惶惶，到处都是愁眉苦脸和牢骚满腹的员工。在这样的环境中，如果你试图举行一个大型的会议来鼓舞士气，宣布开启文化变革，很多人会持怀疑态度。他们只会坐在那里抱怨："我不相信你。我不认为你真的想要进行文化变革。"如果有太多的人选择袖手旁观、静观其变，那么文化变革的动力便难以积累。

　　所以，我们构建了一个桥梁的符号。在每次的会议上我们都会谈到它："请大家注意，我们想要建立一个与众不同的地方、一家与众不同的企业。如果有太多的人只是坐在岸边，不愿意过桥，不愿意参与这个过程，那么这个目标就永远不会实现。首席执行官和首席运营官也会无能为力。然而，如果大多数人对这个目标抱有希望，有动力投身其中，那么它就会成为现实。"

　　所以，在每次的会议上，我们都会讨论我们所说的"不可回避的决定"——你是要参与其中，让企业变得与众不同，还是要静观其变？当你的心态从"静观其变"转变成"参与其中"之时，就像是跨越了一座桥梁。我们不太确定，具体来说，在这种新文化和新组织中，企业的运营会和过去有何不同，但如果我们在"跨越桥梁"时保持积极的心态，好事就会接踵而来。

　　在转型早期的时候，我们会在大型会议的会场搭建一座真正的桥梁。要进入会场，你可以选择——如果你愿意的话——跨越这座桥梁。桥梁的远端放置着一个装满硬币的塑料桶——这些硬币经过特别的设计，上面印有 DaVita 及全体员工的价值观。当你做好心理准备，你可以走过这座桥梁，将桶里的一枚硬币带回你的办公室、诊所或者其他工作场所，以此来提醒自己"我已经参与其中，没有袖手旁观；我会成为 DaVita 的领导者之一，朝着我们的目标不断努力"。我办公桌上的那枚硬币时刻提醒着我谨记自己的这一承诺。

时至今日，你在 DaVita 的任何地方都会看到桥梁这一形象。它提醒着全体员工，不要忘记自己先前的承诺。

DaVita 在经历了这场文化变革后，不仅在财务上取得了成功，还成为肾脏透析行业的佼佼者。

DaVita 的文化变革有很多值得学习的地方。首先，新上任的首席运营官没有高调地宣布推行新文化，而是邀请员工"跨越桥梁"，自愿地加入变革的行列。他明白，如果一味地宣扬新文化的优越性，并强迫员工参与其中，很可能会遭到员工的反感和怀疑，所以他给员工留出了时间和空间，让他们自己做出选择。当然，也有一些员工始终不愿意接受新文化，并可能最终选择了离开企业。但是，随着越来越多的员工"跨越桥梁"，逐渐形成了一股强大的文化变革力量。

另外，这种新文化的具体内容并非由高管或文化变革专家事先预设。高管没有制定出一套"核心价值观"或"文化准则"让员工遵守，也没有强制低层管理者执行。相反，DaVita 的高管让员工参与到新文化的塑造中来。他们一起"跨越桥梁"之时，心中只有一个共同的目标，即把这家企业打造成一家与众不同的企业，一个"美好的事情即将发生"的地方。

DaVita 的高管还运用了一些文化变革的符号来展示和强调这种变革。这些符号很朴素——一座桥梁，一枚硬币——但传递了一个明确的信号：我们已经告别了过去的自己。"在跨越这座桥梁后，我们不再回头。"

结　论

构建一个与过去决裂，同时描绘出一条通向未来的道路的故事可能并不容易，因为我们常常难以割舍过去。有时候，过去的经历会影响我们的未来，让我们在追求新文化的过程中遇到阻碍。

举个例子，假设在企业的旧文化里，工程部比营销部更受重视。你或许想在新文化里提升营销部的地位，但考虑到企业过往对工程业务的重视，你是否有足够的人才确保营销部在企业内部发挥更大的作用？或者，假设在企业的旧文化里，美国的业务比其他地区的业务更受重视。你或许想在新文化里改变这种状况，但在重视新市场业务的同时，你真的愿意丢失一点点美国这一成熟市场的业务吗？举这些例子是想说明，过去的文化价值观可能对你构建新的文化价值观产生影响。

历史上，在南非结束了长达数十年的种族隔离制度之后，当地的文化就面临着过去与未来的冲突，引发了人们的广泛关注。"后种族隔离时代"的南非渴望建立一个对所有种族、民族一视同仁的文化。但是，这个国家的种族隔离情境还历历在目，令人难以忘怀，要如何实现这一愿景呢？[1]

这就是纳尔逊·曼德拉（Nelson Mandela）在 1994 年经过民主选举当选为南非第一位黑人总统时所面临的挑战。[2]

曼德拉是一位律师，他在 20 多岁时就加入了反对种族隔离的斗争。在参与斗争的初期，曼德拉曾经遵循甘地倡导的非暴力的方式。[3]但在后来，他策划了一系列针对政府的活动。最终，在 1964 年，他因犯"企图以暴力推翻政府"罪而被判终身监禁（1962 年，他便被逮捕入狱）。

曼德拉在狱中度过了 27 年。1990 年，南非总统弗雷德里克·威廉·德克勒克（F. W. de Klerk）下令释放了他，并与他一同商讨废除种族隔离的方案。1994 年，南非历史性地举行了第一次多种族的大选，非洲人国民大会（ANC）赢得了选举。曼德拉——刚刚走出监狱不久就担任了 ANC 的领导者——成为南非有史以来的第一位黑人总统。

曼德拉面临的一大挑战在于，在妥当处理南非种族隔离历史的同时，为南非多种族文化的未来铺平道路。一些 ANC 的成员——包括曼德拉的前妻——想要借助 ANC 新成立的内阁来追究和惩处那些曾经参与实施种族隔离政策的政府官员及警察。而南非社会的另一些群体——尤其是南非白人——提倡把这一段种族隔离历史抛诸脑后，专心于打造多种族文化的未来。

　　曼德拉不会接受这两种极端的立场。一方面，他担心如果对南非政府部门和警察机构的人员进行报复，会让很多南非白人感到恐慌，甚至有些人会选择移民。这样一来，南非就会失去许多对其经济持续发展至关重要的管理和技术人才——曼德拉目睹了这种情形在其他刚摆脱少数白人的统治的非洲国家上演。[4]

　　另一方面，如果对种族隔离时期的人权侵犯视而不见，那就是对在那段黑暗和悲惨的岁月里承受了无尽痛苦的数十万南非黑人民众的不尊重。

　　为了与过去决裂，同时描绘出一条通向未来的道路，曼德拉成立了真相与和解委员会（TRC）。这一委员会于 1995 年成立，由大主教德斯蒙德·图图（Desmond Tutu，一位受人尊敬的牧师，在废除种族隔离政策的过程中功不可没）担任主席，它的宗旨是给那些在种族隔离时期遭受了严重人权侵害的群体一个机会，让他们讲述自己的遭遇，同时给那些对他们施加暴力的作恶者一个机会，让他们说明自己在这些事件中发挥的作用，并申请免受民事和刑事起诉的特赦。TRC 共收到了 22 025 份发生在 1960 年至 1994 年期间的严重人权侵害事件的报告。另外，还有 7111 人向 TRC 申请了特赦，但只有 849 人的申请获得了批准。[5]

　　许多——当然也不是全部——的观察者认为，TRC 在以下方面起到了积极的作用：①揭露种族隔离时代的人权暴行；②促进形成南非黑人、白人之间的和解氛围；③帮助南非在国际舞台上重建其备受尊敬的国家形象，同时推动国内经济的发展。[6]曼德拉用一句话概括了 TRC 存在的意义："为了和平，勇者不惧宽恕。"[7]

　　曼德拉还运用一些强有力的符号构建了一些故事，强调在南非建立多种族文化的重要性。举个例子，南非的国球是橄榄球。南非国家橄榄球球队，即跳羚队，过去一直是白人运动员的专属队，因此成为许多南非黑人厌恶的种族隔离制度的象征。1995 年，橄榄球世界杯在南非举办，而就在南非正式废除种族隔离制度之后，跳羚队的队员中出现了一名黑人。

　　曼德拉想抓住这次机会，利用南非人对橄榄球的热爱，以及跳羚队在废除种族隔离制度方面得到公认的适度尝试，来团结这个国家，倡导一种新的多种族文化。

　　于是，在跳羚队与新西兰队的决赛中，曼德拉穿上了一件跳羚队的球衣。

　　彼时，许多南非黑人仍然深恶痛绝地将跳羚队视为种族隔离制度的一大标志，但曼德拉的这一举动旨在传达一个信念——南非必须与过去决裂，并描绘出一条通向未来的道路。[8]

　　曼德拉的做法无疑会招致不少人的批评。有些人认为他对南非白人过于宽容，认为他把精力放在了与那些白人的协商上，而忽视了为南非黑人争取经济利益。有些人则认为他过分重视南非黑人的权益，导致大批白人离开南非。[9]

　　尽管如此，曼德拉显然是在有意识地寻求一种方式，既能与南非的种族主义文化历史划清界限，又能为其多种族文化的未来指明方向。诺贝尔委员会对他的努力给予了肯定，并于 1993 年向在狱中度过了 27 年的他授予了诺贝尔和平奖。

　　你是否已经准备好构建一些故事，帮助你的组织与过去决裂，同时描绘出一条通向未来的道路？

第 6 章

在理智层面和情感层面构建故事

我们在上一章中了解到,对于为改变组织文化而构建的故事,其内容必须显示出与过往文化的决裂,并描绘出未来文化的发展方向。我们了解到一些简单的事件(比如将首席财务官拒之门外)就可以帮助变革组织文化。我们也了解到一些更复杂的举措(比如邀请消费者与宝洁的女性护理业务团队一起进行产品分类,或者在天纳克消除等级制度和隔阂)能够实现同样的文化变革效果。

不过,我们的研究也发现,这些故事要想有效地变革组织文化,还需要具备一个额外的内容条件:故事必须能够同时触动员工的理智和情感。如果你的故事能够清楚地表明预期的新文化与企业财务业绩之间存在直接联系,这些故事便能够触动员工的理智。如果员工能够感知新文化将为企业的利益相关者——员工在乎的群体,包括同事、下属和客户——带来实际的利益,这些故事便能够触动员工的情感。员工的理智是基于理性和利益的考量,而员工的情感是基于情绪、忠诚和人际关系的考量。

为何需要同时触动员工的理智和情感

在构建文化变革故事时，对于如何同时考虑理智因素和情感因素，人们往往有不同的反应。有些人对文化变革故事中的情感因素感到迷惑——甚至有些不自在。他们的理由是："无论是国有的还是私有的营利性企业，抑或是非营利性企业，它们的目标不都是要创造足够的经济价值来回报那些为企业付出了时间和金钱的核心利益相关者吗？"

这个问题的答案显然是肯定的。

那么，既然几乎所有的企业都注重创造足够的经济价值来回报投入了资源的利益相关者，那么为什么文化变革故事还要同时触动员工的理智和情感呢？难道仅仅通过你构建的故事还不足以说明，你正在构建的新文化将会带来经济效益，惠及企业员工和其他利益相关者吗？为什么还要如此重视信任、友谊、团队协作以及与组织的情感因素相关的其他情绪呢？

毫无疑问，这个问题的答案在于，组织文化在本质上是社会性的。组织文化之所以存在，是因为企业员工已经认同了一些价值观、信念和行为准则对符合文化一致性的人际相处方式做出的定义。改变这些价值观、信念和行为准则不仅涉及改变理性推理的问题，而且关乎改变员工对自身及其与他人关系的认知。要做到这一点，员工必须参与到文化变革中，不能只是在理智和逻辑上进行思考，还必须在深层的情感和个人层次上产生共鸣。

当然，只注重文化变革的情感层面，或者只重视文化变革的理智层面，往往都会出现问题。毕竟，文化变革旨在增强组织执行新战略的能力。如果文化变革能够让组织中的所有人相处融洽，但这种融洽并不能带来经济价值，那么这种文化变革在经济上就难以证明自身的合理性。只注重情感层面的文化变革往往容易被解读为"领导者自我满足的尝试"，而非"领导者致力于提高组织效率的尝试"。

文化变革中理智和情感的矛盾

因此，要变革组织文化，需要同时触动员工的理智和情感。但是，这些推动文化变革的因素，至少在一定程度上，不也是互相矛盾的吗？的确，我们变革组织文化的动机可能既有理性的经济考量，也涉及一定的情感和人际关系，而这两者之间往往存在矛盾。但是，有能力的领导者可以构建一些故事，同时触动员工的理智和情感。有时候，他们会在文化变革的理智层面和情感层面切换。

在文化变革的理智层面和情感层面切换

❖ 故事 6-1

英语＋西班牙语＋葡萄牙语：在巴西子公司构建新的组织文化

◎费尔南多·阿吉雷，宝洁巴西子公司总裁

为了打入巴西的消费品市场，宝洁收购了一家名为 Phebo 的公司。Phebo 是一家在巴西有着悠久历史且业绩优异的公司——它在巴西的肥皂市场占有领先地位。宝洁的管理层人员对巴西市场的情况不太熟悉，所以他们并不打算在 Phebo 进行一些变革。他们只是表示，"你们就按照你们一贯的方式做事"。但与此同时，他们派了很多国际职业经理人到巴西，为 Phebo 开拓更多具有宝洁特色的业务。

该公司后来决定引进最先进的技术，推出最优质的新款产品，比如帮宝适（Pampers）的纸尿裤。他们建立了一座崭新的纸尿裤生产工厂，由几位国际职业经理人负责管理，这耗费了公司大量的资金。该公司的国际职业经理人比墨西哥子公司的还要多，而墨西哥子公司是当时宝洁在拉丁美洲最大的子公司。有一段时间，宝洁巴西子公司拥有超过 25 位国际职业经理人。

　　经过几年"善意的忽视"，我被任命为这家公司的总经理。当我上任时，我发现公司的大部分员工都是 Phebo 的老员工。Phebo 是一家有着悠久历史且业绩优异的公司，但它的文化在本质上具有明显的等级制度特色。这并不奇怪。员工只是遵照指令办事，并不过问其中的原因。而且，鉴于公司在当地的市场地位，大多数员工对公司及其前景深感满意。大部分员工都习惯于听从指示，对公司的财务状况感到安心。

　　顺便提一下，该公司所有员工都讲葡萄牙语，只有少数人能说英语。而我会说西班牙语和英语，但不会说葡萄牙语。所以，我首先要做的事情就是学习葡萄牙语。

　　我开始仔细分析公司的数据，很明显这个子公司——虽然在某些细分市场占有很高的份额——表现得非常差。我们每年收入 8000 万美元，亏损 4200 万美元。我们每卖出 1 美元的产品，就损失 5 美分！当我向宝洁的首席执行官报告我们的财务状况时，他简直难以置信。

　　我当时就意识到，Phebo 那种陈旧的等级制度和自满的文化对于公司业绩的改善毫无益处。我们需要变革，一种迅速的变革。我需要所有员工发挥创造性，积极地参与其中，从而让这种变革成为可能。我们必须想方设法生存下去，这样我们才有机会在未来实现业绩增长。

　　当然，在向首席执行官报告我们的业绩有多糟糕之前，我已经制订了一项为期 3 年的计划，阐述了如何扭转公司的局势。首席执行官表示这个计划看起来不错，但要求我在 1 年内执行完毕，而不是 3 年。否则，宝洁将考虑退出巴西市场。

　　因此，在一开始，我关注的是如何保证公司的生存，而非进行文化变革——后来的事实证明，这种以生存为先的做法最终促成了公司的文化变革。我必须先挑选少数几位国际职业经理人留下来，将其他经理人调回原职位。一位国际职业经理人的薪金每年高达数十万美元。对宝洁位于辛辛那提的总部而言，将大部分国际职业经理人调回原职位并不是一个受欢迎的决定，但此举是削减开支的重要举措之一。

接下来，我开始走访工厂。我走访的第一站是公司最主要的肥皂工厂，位于贝伦市。这是五六年来公司总裁第一次莅临这家工厂。我巡视了工厂，和工人们沟通。工人们看到我，听闻我是公司的"老大"，显得十分惊讶。

每到一家工厂，我都会召开一次全体会议。我会站在 100、200 或 300 名员工面前，用不太流利的葡萄牙语讲述公司目前的状况。我会说："这是我们的问题，如果我们无法在今年内解决这个问题，宝洁就会退出巴西市场。"员工都会意识到这一后果的严重性。然后我接着说道："我需要你们的建议，看看你们的四周，这家工厂必须削减 200 万美元的开销。如果你们想不出办法做到这一点，你们身旁的人可能会被裁员，或者你们自己也会被裁员，因为公司无法负担你们的工资。我需要你们想办法帮助公司省下 200 万美元的开支，这样我们才能渡过难关。"

我尽力用蹩脚的葡萄牙语表达我的意思。我让一位人事部的同事陪在我身边，帮忙纠正我的口语错误。有时我得把同一句话重复两三遍才能让人听懂。多年后，我才得知，那些员工——他们大多受到了 Phebo 等级观念文化的影响——对我表现出的谦卑态度感到意外：第一，我亲自走访了工厂；第二，我用他们的母语交流，并虚心接受他人的指正；第三，我征求了员工的意见。

工人们提供了许多创意。我把它们一一记录在翻页纸板上——每家工厂都提交了三四十个有潜力的方案。这些方案涉及肥皂的颜色、包装等方面的改进——都源于一线工人的现场工作经验。其中有些方案很棒，比如，只要稍微调整一下肥皂的配方，我们就能更换一种包装，每块肥皂的包装成本就能省下 1 美元左右。

我采取的另一项措施是改造巴西子公司的总部大楼。我的前任把总部迁到了一栋豪华的写字楼里。为了让即将到访的宝洁总部的高层刮目相看，他购置并在写字楼里摆放了漂亮的艺术品。公司的每位高管都按照自己的喜好布置了办公室，并定制了办公家具。他们的办公室看起来确实很气派。

但我们无法承担那样的开支。于是，在裁减了员工后，我和我的直接下属搬进了圣保罗的一家工厂。我挑了工厂里最差的一间办公室——它紧挨着制造车间，没有安装窗户。好吧，其实有两扇小窗户被高高地置于一面墙上，但都是封死的。而且，我们也没有给这些办公室配置新家具，只是从工厂借了些旧的办公家具。那时候，我根本没想过要改变公司的文化，我唯一的念头就是保证公司生存下去。

我的变革不仅仅涉及办公室的选择。我的前任一上任就购置了一辆新车，还雇了一名专职司机。我其实有预算更换一辆新车，但我坚持使用这辆旧车，我不在意它的新旧。我把司机安排到了公司的其他部门。

我还采取了其他一些措施。我和大多数高管都减少了参与总部会议的次数。我认为，和我的员工一起在巴西挽救公司的危机，比起前往辛辛那提的宝洁总部做报告、接受培训或处理其他事务更加重要。这样也能节省我们的运营开支。另外，我们开始自主设计包装。虽然辛辛那提的总部有很多高水准的艺术设计和包装设计人才，但我们负担不起他们的费用。所以，我们不再需要他们的服务。

我表现出了让公司业务恢复盈利的决心，这让我在与工会协商一些艰难的决策时（包括关闭一家工厂）得到了支持。

凭借这些努力，我们逐渐扭亏为盈。第 1 年，我们实现了收支平衡。第 2 年，我们营收 800 万美元。第 3 年，我们营收 2500 万美元。第 4 年，我们营收 4500 万美元。在这期间，我们的销售额从 8000 万美元增长到了 4.5 亿美元。

公司的文化随之发生了转变。原来 Phebo 那种等级森严、自满的文化已经不复存在，取而代之的是一种以节约和业绩增长为导向的文化，而这种文化促成了巴西子公司兑现对宝洁总部的承诺。

待我们有了足够的资金，时机已经成熟，可以搬出工厂的办公室了。于是我们搬回 4 年前的办公室，那时的我们还在破产的边缘挣扎。不过，我们的办公室并没有占满整层楼，只是占用了一半的空间。我们计划等到业务稳定增长后再逐步扩大我们在大楼里的办公空间。但在那之前，我们不会冒进。

我们其实保留了公司当年为那栋大楼购置的一些艺术品。但我表示："我决不会摆回原先的任何一件艺术品。那无异于告诉大家，我们回到了 4 年前的境地。"

我们没有再把那些艺术品摆回去。它们或是被出售，或是被赠予他人。在得知这一决定后，公司上下都默默地表示支持，因为大家明白，4 年的时间已经彻底改变了我们。

费尔南多在打造子公司的新文化时，首先着眼于促成文化变革的经济动因（理智层面），然后转而关注与员工建立达成这一目标所需的上下级关系和信任感（情感层面）。他先是展示了一份财务分析报告，揭示了业务的亏损状况。这是触动员工理智的一种手段。接着他走进工厂实地考察，用不甚流利的葡萄牙语向每位工人征询关于挽救公司的建议。这是触动员工情感的一项举措。接下来，他缩减了人员编制，搬离了原先舒适的办公大楼。这是理智层面的变革举措。但当他将办公室迁至一家工厂，挑了最简陋的办公室，并继续利用旧的办公家具时，他开始关注情感层面。随着公司的财务状况逐渐好转，他将办公室迁回了原来的办公大楼——回归理智层面——但决定不再摆放曾经在此展示的艺术品，他认为那些艺术品代表了这个组织如今已经摒弃的过时文化。这个决定更多地对应文化变革的情感层面。

通过构建兼顾员工理智和情感的故事，费尔南多成功地塑造了一种内容精简、以节约和业绩增长为导向的新文化，帮助公司取得了多年优异的财务成绩。

在文化变革中先触动员工的理智，再触动员工的情感

费尔南多·阿吉雷在改变组织文化的过程中，时而关注员工的理智层面，时而关注员工的情感层面。玛丽斯·巴罗索的文化变革行动在外界看来则似乎完全以情感为主导。但实际上，在她富有情绪感染力的文化变革举措背后，是一个经过周密策划、理性分析的战略——为玛丽斯注重情感的文化变革铺平了道路。

❖ 故事 6-2

足球如何帮助我们驯服一头好斗的老虎

◎玛丽斯·巴罗索，Amanco Brazil 首席执行官

我刚加入 Amanco Brazil（以下简称"Amanco"）时就意识到我们必须变革组织文化。在拉丁美洲的相关管理制度下，Amanco 虽然身为管道和配件领域领先的生产和销售商，但在巴西的业务 10 年来一直不景气。我们面对着一个强大而难缠的竞争者——Tigre⊖ Tubos e Conexões（以下简称"Tigre"），这是一家占据 60% 市场份额的家族企业，旗下的知名品牌在客户群体中的认知度接近 100%。Tigre 的广告重视宣传产品的质量——可测试表明他们的产品并不比我们的优秀——还强调如果消费者使用了劣质产品，就不得不拆掉

⊖　此词在西班牙语中的意思为"老虎"。——译者注

墙壁来更换管道。事实上，他们的产品售价比市场均价高出了 25%。

10 年的时间，让我们的员工和管理层都对我们的市场前景失去了信心，士气一落千丈。我曾和我们的客户沟通过，他们渴望出现一个能与 Tigre 抗衡的竞争者。他们受够了只能和一个供应商打交道，但他们又找不到其他真正可行的替代方案。我们的客户并不在意谁能成为那个竞争者——而我认为，那个竞争者就是我们。

我们的员工并不这么认为。我心想："我必须想个办法，用简单明了的语言，让所有人——无论是公司的员工还是我们的客户——看到我们的潜力。我们正在输掉这场比赛，可我们根本还没有上场。"

好吧。我们需要上场，打赢这场比赛。我们需要实施适当的战术，掌控比赛的局面。我们能将现状比作何种比赛，让人们对我们的潜力充满期待呢？

我们在巴西。没错，那就只能是足球比赛了。

我其实并不是个铁杆足球迷，但我所从事的行业是个以男性为主的行业，我需要和水管工、建材店的老板打交道，我觉得足球对他们来说是个有说服力的比喻。这个比喻很简单：Amanco 要参加一场新的比赛。首先，我们需要上场，否则就根本没有获胜的希望。如果我们上场了，就有希望——有机会通过拼搏获胜。

我向我们的营销团队提出了这个想法。我们决定用 5 年的时间来彻底改变 Amanco 在市场上的形象。我们进行了详尽的市场细分，估算了营销预算等——一切都以打造一支冠军队伍为中心。我聘请了一家外部广告公司来制作广告。我们所有的广告——有些还获得了奖项——都以打造一支冠军队伍为主题。我们向董事会汇报了这些想法，得到了他们的同意。

这是一场冒险。毕竟，Tigre 走着差异化的品牌道路，而 Amanco 或许能够推出许多创新产品来吸引客户。我们本可以选择低价策略，但我们决定要在 Tigre 主导的领域与其一较高下——突出我们的产品质量和品牌形象。

我们的管理团队竭尽全力打造了一个以足球为主题的营销方案,我们要将它推向全球。我策划了一场销售大会,邀请了公司所有的销售人员、我们当前和潜在的客户代表以及其他重要的利益相关者参与。这是我们公司历史上规模最大的一次销售大会。它完全以足球为切入点,展示了 Amanco 如何成为一支无敌的冠军队伍。

大会的开幕式请来了米尔顿·内维斯(Milton Neves)——一位家喻户晓的足球评论员,他在广播和电视节目中都有着丰富的足球解说经验,是足球迷心目中的明星。这场开幕式让所有人惊叹不已。人们四处张望,惊叹道:“这里究竟发生了什么事情?”

大会的其他环节也都以足球为主题——我们要如何打造一个强大的进攻阵容?我们的防守阵型会是怎样的?我们要如何练习定位球技巧?足球是一种很好的媒介,可以让所有的利益相关者都产生共鸣。就连水管工也被足球这一比喻所吸引。大会现场充满了激情,感染了每一个人!

我来举个例子,具体说明这种激情如何转化为行动。我们公司的代表色是绿色,Tigre 的则是蓝色。我要求工厂的员工前往他们所在地的建材商店,用绿色的横幅、标牌、气球——一切绿色的东西,来装点店铺。我们把这个活动叫作“绿色浪潮”。在把店铺装饰成绿色的之后,我们的员工开始自发地高呼“Amanco,Amanco”。这成了我们的营销口号。不久,所有的销售人员都把“Amanco,Amanco”设为了他们的手机铃声。你可以在广播、电视中听到这个口号。我们的员工不再为他们支持的足球队加油,而是为他们的公司欢呼。我们在巴西各地发起了“绿色浪潮”的营销攻势。

我们也针对 Tigre 的软肋下手了。比如,那时候,我是公司高层中唯一的女性。在销售大会上,我身穿一件虎纹外套登上了舞台。这是一个明确的信号——我们要和我们的对手一决雌雄。全体销售人员热血沸腾!后来,我们还制作了一支电视广告——一个身穿 Amanco T 恤的销售人员轻抚一头老虎的耳朵。没错，一头真实的老虎！它在广告中看起来像是一只温顺的小猫！我们的员工非常喜欢这支广告，他们为自己身处一支冠军队伍而自豪。

经历了一番努力，短短 6 个月，我们就把公司旗下一款默默无闻的产品的品牌认知度提升至 56%。公司中那些原本士气低迷的员工，如今都意识到了自己已经成为 Tigre 有力的竞争者的一员。我刚加入这家公司的时候，Amanco 只有 7% 的市场份额，而 Tigre 占据了 61% 的市场份额；我离开的时候，我们已经拿下了 34% 的市场份额，而 Tigre 只剩下 41% 的市场份额。在我看来，我们不仅仅是踢进了一球，还已经踏上了赢得比赛的道路。

Amanco 员工一旦确信自己身处冠军队伍，就会明显感受到自己充满活力。他们用绿色的横幅、标牌、气球把店铺装扮一新，高呼"Amanco，Amanco"的口号，看到高管身穿虎纹外套登台时热血沸腾，这些都说明，玛丽斯在 Amanco 的文化变革方面，成功地触动了员工的情感。Amanco 员工一旦认为自己身处冠军队伍，就会展现冠军风范。当客户认可 Amanco 是一支冠军队伍时，员工同样会展现冠军气质。

其实，Amanco 在深入文化变革的情感层面之前，还进行了非常细致和系统的财务与战略分析，包括进行市场细分，精心设计营销方案，做出艰难的战略抉择（例如，尽管已经存在一个强大的竞争对手，但仍决定进入差异化的细分市场）。所有这些理智的经济工作都是在背后默默进行的，但它们为玛丽斯策划的文化变革提供了坚实的经济支撑。在这样的情况下，文化变革的理智层面为文化变革的情感层面提供了合理性的地基。

如果无法触动员工的理智，玛丽斯在足球热情高涨的巴西运用足球比喻所激发的情绪和热情，可能并不能促成真正的变革——只能让销售大会气氛高涨，却不能让 Amanco 真正和 Tigre 抗衡。玛丽斯的团队制订了一个方案，合理运用这种热忱，并将其转化为市场占有率。反过来，如果无法触动员工的情感，玛丽斯对市场和战略的分析就会——说实话——枯燥无味。正是员工的热忱，让这些形式化的分析贴近现实。

以情感层面为切入点，触及文化变革的理智层面

斯科特·罗宾逊作为一名年轻的管理者，面临着一项艰巨的任务——改善与公司工会之间的关系。他采用了和玛丽斯·巴罗索截然不同的方法。玛丽斯先进行了理性的分析，然后致力于从情感层面变革 Amanco 的文化，而斯科特先着眼于文化变革的情感层面，然后转而关注工会谈判的理性经济层面。

❖ 故事 6-3

与工会携手变革组织文化

◎斯科特·罗宾逊，联邦信号的人力资源总监

23 岁那年，我被委派和工会协商敲定一份新协议。

我们往往会忽视公司工会问题的严重性。工会成员痛恨公司的管理层，管理层也痛恨他们。我接手这项任务时，手上有 110 项悬而未决的投诉。从过去的经验来看，签订一份 3 年期限的协议需要耗费好几个月的时间，而且就算签署了协议，公司管理层和工会之间的敌意也不会发生任何变化。工会总是会抓住一切机会给公司管理层制造麻烦，而公司管理层也从不放过任何搞垮工会的机会。20 多年来，公司管理层和工会一直处于这样的对立状态。它们都将这一局面归咎于另一方对自己的针对，而且想方设法地让对方受苦。

我觉得这太荒唐了。公司的运转离不开工会全体 1600 名成员，而这

1600 名成员的生活也离不开公司提供的工作岗位。所以，我换了一个策略。

在谈判正式开始之前，我询问公司总裁我能否和工会领袖单独见面。他答应了，于是我和工会领袖约翰在一次非正式午餐时见了面。我们本来只打算聊 1 个小时，但在 4.5 个小时之后，我们达成了一个共识：公司管理层与工会的关系太糟糕了，我们有责任改善这一关系。只要我们有心，我们就能实现这一目标。

于是，我和成员一起开始了准备工作。我们寻求各种方法修改现有的协议，以便节省资金，并将这些节省下来的资金用于提高工会成员的工资。简而言之，我们只用了 3 个星期就协商敲定了一份新协议——而不是像以前那样拖延数月，我们解决了所有的 110 项投诉，为公司节约了大约 600 万美元的开支，并用这笔钱提高了工会成员的时薪，且涨幅超过了对方的要求。

此举在公司中营造了一种全新的文化，一种公司管理层和工会协作的文化。当然，部分工会成员和管理者需要时间来适应这种新文化，但是当工会领袖约翰和我决定以一种不同寻常的方式行事，化解工会和公司管理层之间的长期矛盾时，变革就开始发生了。

斯科特首先与工会领袖建立了互信的关系。那次初见的午餐会面并不是为了谈判。斯科特和约翰之所以见面，是因为双方想找到一些共同点——他们能否信任彼此，共同开创一种全新的公司管理层与工会的谈判方式？他们能否携手改变公司的整体文化？

公司管理层与工会的双赢，源自斯科特与工会领袖建立的互信关系——致力于文化变革的情感方面。具体来说，公司管理层通过实行更加灵活的工作制度，有效地降低了成本；工会则争取到成本节省下来的一部分资金作为成员的福利。所有这些都基于工会和公司管理层之间的经济协议，而这些协议又都建立在谈判双方互信的基础之上。

斯科特提出的工资增长方案竟然比工会要求的还要高，这让工会的谈判代表大吃一惊。这样的工资增长的实现得益于工会和公司管理层之间更加亲密的合作关系，以及由此带来的成本效益。的确，文化变革有时候源于感性的推动，但终究在很大程度上依赖理性的分析。

文化变革需要同时触及理智层面和情感层面

在文化变革的过程中，你可能会先触及员工的理智，再感染员工的情感，或者将这两者的顺序颠倒，或者两者交替进行。但无论如何，有一点是肯定的：要让文化变革成功，就必须同时满足员工的理性经济利益（对应理智层面）和他们的情感与社会利益（对应情感层面）。如果只关注理智层面而忽视情感层面，那么就难以激发员工对文化变革的热情和承诺。相反，如果只关注情感层面而忽视理智层面，那么就难以实现文化变革的经济效益。

在我们调查的公司中，有一家公司似乎非常擅长将文化变革的理智层面和情感层面相结合，那就是 DaVita。通过下面的故事，你会了解到，迈克·斯塔菲耶里是如何通过构建故事来展示 DaVita 倡导的文化的，以及这些故事是如何触及公司员工的理智和情感的。

❖ 故事 6-4

信守我们的承诺

◎迈克·斯塔菲耶里，DaVita 肾脏护理板块的首席运营官

作为一家从事肾脏透析业务的医疗公司，DaVita 的工作遵循着我们倡导的"三大关爱"理念：关爱患者，关爱彼此，关爱世界。我们相信，这三种关爱相辅相成，是我们可持续发展的商业模式的根基。但仅仅把这些口号写在横幅上或者挂在墙上没有任何意义。我们需要找到办法，让这个理念真

正地落地生根。

我们开始把 DaVita 比作一个村庄——大家在这个村庄里工作、生活，村民们相互关爱。为了让这个比喻落到实处，我们推出了一个名为"村庄计划"的项目。其中的子项目和相关的活动都非常具体，旨在强调我们首先是一个社区，其次才是一家公司。

"村庄计划"有一个子项目叫作"DaVita 村庄网络"。这个项目把公司和员工的捐款集中起来，为那些陷入困境的个体提供援助。员工可以从工资中扣除一部分捐给这一子项目，或者进行一次性的捐赠。如果我们的任何一位员工——我们称之为队友——遭遇了不幸，他可以向这个子项目申请资金援助。例如，某员工的子女罹患癌症，导致他无法工作，无法承担高昂的医疗费用，他可以申请一笔援助金。此外，当地团队也会经常举办一些简单的筹款活动——比如义卖活动或者其他类似的活动——来帮助员工。之后，员工可向这个子项目发起申请，该项目有时提供的援助金可达到当地筹款金额的 10 倍（或更多）。

"DaVita 村庄网络"在飓风哈维肆虐休斯敦时发挥了重要作用。你可能还记得，那是一场毁灭性的灾难，可怕的洪水漫过了整个城市，很多人失去了他们的家园。我们在休斯敦有 110 家诊所。我们的员工非常坚强，尽管他们的房子被淹，无家可归，但他们仍然坚守自己的岗位。如果他们不这样做，他们的患者就可能有危险，甚至被送进医院。有时候，我们的患者如果得不到及时治疗就会不幸去世。所以，尽管我们的一些员工失去了家园，但他们仍然对患者全心全意——"关爱患者"是我们"三大关爱"理念的首要环节。

我和几位高管一起前往休斯敦。我们先飞到离休斯敦最近的地方，然后开车到达目的地。带着"DaVita 村庄网络"提供的 7.5 万美元的现金援助金，我们走访了我们在当地的所有诊所，和我们的员工交流，了解谁最需要经济援助——比如租一个酒店房间或者在餐馆吃饭。有需求的员工都可以从

"DaVita 村庄网络"获得 800 美元的援助——无须烦琐的书面程序，一切流程从简。

我们还从公司总部动员了许多志愿者前往休斯敦。他们来到当地员工的家中，帮助对方清理被淹的地毯或者破损的墙壁。这些本该是当地员工自己做的事情，但他们必须前往诊所照顾患者。"关爱彼此"是我们"三大关爱"理念的第二环节。

"DaVita 村庄网络"的执行者在此期间竭尽全力——安排当地员工入住酒店，为他们提供洗漱用品，给他们发放餐饮补贴。我知道，"关爱患者，关爱彼此，关爱世界"对一些公司而言可能只是空洞的口号，但是飓风哈维让我亲眼见证了"DaVita 村庄网络"的真实存在。现场的一切让我明白了，有时候我们对患者的最好关怀就是互相关爱彼此。

我们在"关爱世界"方面遵循了同样的原则。在大多数发达国家，透析费用由私人保险或政府承担，但在许多发展中国家，情况大不相同。在这些国家，患者可能因为得不到治疗而丧命。我们帮助建立并资助了全球的医疗项目，为透析诊所提供经费。通过这种方式，我们努力践行我们的"三大关爱"理念。

我认为，我们公司是一个社区，是一个村庄。在这个村庄中，大家彼此关爱。我来举个例子，让你明白这是怎么回事。我有一个好友的妻子得了乳腺癌。他们住在佛罗里达州，但需要前往纽约的纪念斯隆－凯特琳癌症中心（Memorial Sloan Kettering Cancer Center）接受治疗。那时，我的办公室位于加利福尼亚州，但我碰巧在她手术的前一天前往了芝加哥。我决定在东部多待一段时间。于是我去了纽约，在好友妻子手术的那天在手术中心给他一个惊喜。我知道他只能坐在候诊室里，对妻子的病情担心得要命。他远离家乡，身边没有一个熟人。我选择陪在他身边，等待他妻子的手术结束。我觉得这对他而言意义重大。

除了我的助手，我没有对别人透露这件事，因为他帮我订了机票。但他把这件事告诉了大家。我不习惯把一些关于自己的故事公之于众，但它们总会流传开来。当人们听到这些故事时，他们会对领导者产生不同的看法。他们会认为："没错，迈克是个强硬的人，他非常重视绩效，但他也有温情的一面。"对我来说，我的团队和直接下属就像我的家人。我没想到，后来我的这位朋友会在近 5000 人的会议上讲述这个故事。

再举个例子。两周前，我飞往辛辛那提，去看望一位刚刚生产的直接下属。她当时正在休为期 4 个月的产假。想象一下，你的上司跨越整个国家，花费半天的时间亲自前来探望你和你的宝宝，只是为了告诉你，你不在的时候，他一直都在想念你。那该是一个多么温馨的场面。的确，这样的事情需要花费不少时间，我们也不太容易衡量它们的价值，但当你有了在意的员工，他们很优秀，你也知道他们是不可多得的人才，而且一直受到别人的追捧，向他们表达你的关爱就显得尤为重要。

我不太习惯向外人讲述这些事情，但它们总会流传开来。

DaVita 商业模式的根基——"关爱患者，关爱彼此，关爱世界"看起来有些不切实际，有些过于理想。它似乎只重视文化变革的情感层面而忽略了理智层面。但事实上，正是因为关爱彼此，DaVita 的员工才能更有效地照顾他们的患者——即使是在飓风哈维带来的灾难面前。而正是因为关爱患者，DaVita 才能保证长期的财务可持续性——非常理性的文化变革动力。

结　论

我们的研究表明，文化变革必须同时触动人们的理智和情感，让人们在见证这一变革带来经济利益的同时，感受变革的情感和社会意义。只触及理智的文化变革努力是不会成功的，因为它们忽视了组织文化深层次的社会属性。只触及情感的文化变革努力同样不会成功，因为它们忽视了大多数组织的基本经济目的。

在历史上，有一位人物比大多数人更能把握变革的理智层面和情感层面，他就是亚伯拉罕·林肯。作为美国历史上最杰出的故事构建者之一，林肯利用他在西部农村做巡回律师的经历，构建了一些故事，与选民和同僚实现了情感上的共鸣。[1] 林肯的故事往往诙谐幽默，有时也富有情趣，但总是围绕他所处时代的核心问题（包括奴隶制的问题）来阐明一些基本的观点。林肯并不只是依赖故事的情感层面来推动变革，他也重视变革的理智层面。林肯极力促成国会通过宪法第十三条修正案——从宪法上废除奴隶制，他对理智和情感之间的平衡追求在这一过程中可见一斑。[2]

1865 年对于林肯来说是至关重要的一年。北军和南军之间的内战已经持续了 4 年多，战争的伤亡惨烈程度空前。最终，内战中牺牲的人数超过了64 万——平均每 30 位美国公民中就有 1 个人牺牲。在 1864 年年底，战争似乎已接近尾声，但在李（Lee）将军于 1865 年 4 月 9 日在阿波马托克斯向格兰特（Grant）将军投降之前，还是发生了不少流血事件。

在政治上，林肯以压倒性的优势击败了民主党总统候选人乔治·麦克莱伦（George McClellan），成功连任总统。他所在的共和党也赢得了参议院和众议院的多数席位。这导致大约 20 名民主党人在众议院落选，他们在 1865年 3 月新一届国会开幕时失去职位。

林肯看准了这一契机。他早在 1863 年 1 月 1 日就颁布了《解放黑人奴隶宣言》（The Emancipation Proclamation），但这份宣言仅仅解放了那些叛乱州内的奴隶。林肯出于战争的需要而签署了这份宣言，但它在战后能否实施却不得而知。他深信，要想从根本上消除奴隶制，唯一的方法就是修订美国宪法——从程序上来说，要先得到参议院和众议院三分之二议员的赞成票才能提出一项宪法修正案。

　　的确，参议院已经投票通过了这项旨在废除奴隶制的修正案（即宪法第十三条修正案）**等到众议院也通过**后，它才能被提交至各州进行最后的批准。可是，这项修正案在众议院的通过前景并不明朗。

　　林肯急切地希望在战争结束前投票通过这项修正案。如果等到战争结束，南方各州恢复了它们的权力和地位，那么这项修正案要想在美国的法律体系中生效就会变得更加艰难。而且，林肯也想赢得两党对这一修正案的支持。所以，他打算在 1865 年 3 月新一届国会开幕之前，让第十三条修正案获得批准。

　　为了推动第十三条修正案的通过，林肯运用了两种不同的论据。一种基于情感层面——奴隶制是不道德的，按理早该在美国消失了。到了 1864 年，奴隶制的"恐怖"已经众所周知，共和党内部的争议也从"要不要废除奴隶制？"变成了"怎样废除奴隶制？"。林肯为了终结奴隶制而发出的道德呼吁十分有力，即便是在一个半世纪后的今天，仍然令人动容：

　　　　利用宪法条款终结奴隶制，不仅让如今的数百万奴隶获得自由，也让未来的数百万后代摆脱束缚，这一决定将对后世产生深远的影响。[3]

　　但在 1864 年，民主党认为，停止内战比废除奴隶制更为紧迫，而且他们实际上认为，过早地废除奴隶制反而可能会延长战争的过程。因此，虽然共和党在众议院占据了多数席位，但他们仍未获得通过这项宪法修正案并将其提交给各州批准所需的三分之二票数。当时有大约 20 名"跛足鸭"民主党人将在新一届国会开幕后失去政府职位，在这种情况下，林肯认为他们是可以争取的对象——如果无法触动他们的情感，或许可以触动他们的理智——让他们为这项修正案投赞成票。

无论是当时的总统，还是如今的总统，都有权任命政府官员。总统利用任命来回报那些对政府忠心或有所贡献之人是一种常见的做法。林肯决定利用这一任命权来说服那些即将卸任的官员投票支持第十三条修正案，尤其是那些曾经反对这一修正案的民主党人。林肯没有亲自向这些即将卸任的官员施加诱惑，但在委托这件事的负责人时，他清楚地表明了对此事的重视：

> 具体怎么做，我交给你们去决定。但是别忘了，我是美国总统，有着极大的权力，我希望你们能够拿下那些选票。[4]

林肯显然意识到，如果不能让那些即将离任的官员出于道义上的正确而投票支持第十三条修正案，也许可以让对方为了获得政府职位而改变自己的立场。于是，一些待遇优厚的政府职位被分配给了那些即将离任众议院的民主党人。结果是，这些民主党人中的大多数人对第十三条修正案投了赞成票。

1865年1月31日，华盛顿特区响起了钟声，庆祝美国宪法第十三条修正案于众议院通过，最终的投票结果为119票对56票，刚刚超过所需的三分之二票数。同年4月9日，内战结束，李将军带领北弗吉尼亚军团在弗吉尼亚州的阿波马托克斯向格兰特将军投降。1865年12月6日，第十三条修正案终于获得了各州批准。

不幸的是，林肯没能亲眼见证奴隶制被合法地废除。他在1865年4月14日遭到约翰·威尔克斯·布斯（John Wilkes Booth）的枪击，次日上午与世长辞，此时李将军投降刚过去6天。林肯能够同时触及众议院议员的理智层面和情感层面，保证了第十三条修正案在众议院通过并在各州得到批准，推动了美国奴隶制的正式废除——这是一场深刻的文化变革，一个半世纪以来在美国各地生根发芽。

在组织文化的变革过程中，你是否愿意同时触动员工的理智和情感？

第 7 章

戏剧性故事的构建

无论是作为高管还是作为咨询顾问，我们三人在推动组织的文化变革方面有着丰富的经验。凭借着这种经验，我们对研究中发现的成功的文化变革故事具有的共同点，大都并不陌生。当然，在我们建立自己的故事数据库之前，我们并没有系统地分析这些共同点。但是，我们在从数据库中提取出共同点之后发现，它们的表面效度与我们以往的经验相吻合。

本章讨论的成功的文化变革故事有一个共同点：具有戏剧性。我们都曾经看到过首席执行官采取一些极具戏剧性效果的举动来突出他们想要在组织中建立的文化。然而，让人意外的是，这种戏剧性在我们数据库的故事中普遍存在。

文化变革背景下的戏剧性是什么

我们所说的戏剧性是指什么呢？与构建故事的其他技巧一样，具有戏剧性是一种容易体会却难以言说的状态。一般来说，它是指公司的高层领导者在公众面前表现出一些与平时完全不同的行为，目的是突出他们想要实现的文化变革的某些重点——令人惊讶的是，这通常还包括领导者换上戏服，演绎与自己身份完全不同的角色，并以一种很古怪的方式行事。这样的行为，我们就称为具有戏剧性。

在我们的数据库里，约一半成功的文化变革故事都具有戏剧性色彩。与我们基于数据库分析得出的成功的文化变革故事的其他特点不同，具有戏剧性并非构建真实的文化变革故事的必要条件。不过，戏剧性很常见，而且效果也很戏剧化（一语双关），所以值得一提。你可以把戏剧性当作构建文化变革故事的工具箱里的一件工具，或许不常用到，但拥有这件工具总是极好的。

为何需要戏剧性

构建文化变革故事时，加入一些戏剧性内容拥有诸多好处。比如，戏剧性内容可让故事更加深刻。从我们的经验来看，员工能够牢记故事中的戏剧性内容多年——即使有时他们已经忘了戏剧性内容和文化变革故事之间的关联。

这些内容也可反映领导者为了推动新文化而不惜采取一切必要的措施——即使这些措施让他们很难堪，也与他们的本性相悖。但正因为如此，这些戏剧性内容才更能说明问题——它们既让人难堪，又与人们的本性相悖，从而更能展现领导者对文化变革的决心。它们就像领导者在地基上打下的一根根桩——为了改变组织文化，他们可以不顾一切。

文化变革故事中的戏剧性内容也很有趣味，对于领导者和员工而言都是如此。对于很多人来说，文化变革似乎就是与变革管理专家没完没了地开会，列出一堆核心价值观，参加一些冗长无聊的培训等。在这样的情况下，文化变革就像一条没有尽头的黑暗隧道，公司永远也走不出去。

但戏剧性的魅力就在于它的趣味性。它让人觉得有些疯狂。它打破了常规，同时加强了文化变革的力度，以一种实际且真诚的方式推动变革。本书用戏剧性来促进文化变革的第一个案例，就发生在一家处境不佳的公司中——它正要开一场晚宴，准备进行一轮大规模的裁员。但是在这场晚宴上，发生了一件非常戏剧性的事情，最终让这家公司在财务上重获成功。

一场别开生面的"庆功"晚宴

❖ 故事 7-1

一场只有面包和纯净水的"庆功"晚宴

◎杰夫·罗德克，Hyperion Solutions 的首席执行官

1998 年年初，我作为一名独立董事加入了 Arbor Software 的董事会。在加入之前，我曾与董事会成员和首席执行官讨论过，他们表示公司之前有过合并计划，但目前已经放弃了。可是，在我参与的第一次董事会会议上，这个合并计划被重新提出，并且投票通过了。Arbor 与 Hyperion 的合并是一次一开始就失败的尝试。大概一年后，我被聘请去担任董事长兼首席执行官。我在新的 Hyperion 工作的头 9 个月，我们取得了不错的成绩。我觉得我们很有能力，但我们的关键员工正在流失——前往其他科技公司，这些公司向我们的管理层成员许诺了巨额股权激励。我们认为公司在合并之后形成了清晰的战略和强劲的文化，但我很快就意识到，整个组织充斥着自鸣得意和自满的氛围，而且我们的战略还不够明确。

现在回想起来，在那最初的 9 个月里，经济中的整个软件行业都在蓬勃发展，而且——在拿到了一些早期易于达成的成绩之后——我们跟着行业一

起赚了钱。我们远没有自己想象中的那么出色，也没有像公司的历史业绩所展示的那么有前途。

不过，当行业陷入低迷时，一切都变了样。我们关键的销售客户经理和领导者纷纷离职，公司运营流程中的漏洞也暴露无遗。我们的业绩不及预期，更糟的是，公司在亏损和烧钱。这使得公司在我上任的第1年第4季度的收入和盈利远低于预期。我们适度扭转了局面，但是董事会和我都觉得我们只是在得过且过。

我们聘请了一家外部咨询公司，拟定了更明确的战略，这个战略要求我们裁掉一些员工。为了实施这个计划并达成共识，我们给高管团队和其他十几名关键员工安排了一场晚宴。当我打开日程表，发现我们为这场晚宴预定了旧金山一家高档酒店——费尔蒙酒店——奢华的餐厅和舞厅时，我吓了一跳。我们怎么能在这样一家奢华的酒店"庆祝"公司这么惨淡的业绩呢？

我将我的高级助理和晚宴策划人叫进办公室，通知他们我们得换个地方开晚宴。助理的脸色一下子就变了："我们已经提前付了钱。因为软件行业不景气，我们才拿到了一个超低的优惠价。我们可以取消这次预定，但是无论我们是否前往这家酒店，我们都要承担全部费用。"

这个主意听起来很糟糕。就算价格再便宜，我们也不能在费尔蒙酒店开会，那里的餐厅和景色都太奢华了。这对我和所有知道这场晚宴的目的的员工来说，都是不可接受的。所以，我决定在高管团队不知情的情况下稍微修改一下晚宴的安排。

到了事先约好的日期和时间，大家陆续走进餐厅，参加我们的晚宴。餐桌布置得十分雅致——闪闪发光的银器和水晶高脚杯与精致的瓷器交相辉映，符合人们对一家奢华酒店的所有想象。所有人都在期待着一顿丰盛的晚餐。

服务员开始上菜，他们给大家倒上纯净水，送上面包。我站了起来，准备发表餐前致辞，但我先放了一首名为"Funeral for a Friend"的歌曲。随着音乐响起，我开口说道："其实，我本来想取消这场晚宴。这不光是钱的问题，也是面子的问题——我们没资格为我们失败的业绩庆祝。我们都清楚公司的业绩有多糟。我们让我们的客户、员工和股东都失望了。所以，我决定，今晚只给大家提供我们这家公司应得的菜单——面包和纯净水。这是我们今晚唯一能吃到的，也是我们今晚唯一值得享用的。"

大家都默默地点了点头，表示同意。

我又表示：如果有人在今天晚上敢吃一块士力架，我就炒了他。

不得不说，酒店的面包真是好吃极了！

我接着说道："我希望我们今年能够克服遇到的所有困难，在明年彻底扭转公司的业绩。我想明年再来这个餐厅。其实，我想在一年后的今天，在这个餐厅里举办一场真正的庆功晚宴。我不想明年还吃面包、喝纯净水，我想要一顿丰盛的大餐。我希望大家都配得上一顿丰盛的大餐。"

可以说，公司的转型之路就是从那个晚上拉开了序幕——一场只有面包和纯净水的晚宴。第二年，当为我们的成就欢呼时，我们都想起了我们在前一年的困境，我们发誓再也不要重蹈覆辙，重温一场那样的晚宴。

杰夫·罗德克把一场旨在"庆祝"的晚宴变成了一次打破局面的契机，让他的组织成员为他们亟待实现的业绩转型和文化变革做好准备。[1]他们需要把自鸣得意和自满的文化改造成积极进取、追求业绩增长的文化——"面包和纯净水"这样的晚宴安排说明了这一点。

杰夫用多种手段增强了这场晚宴的戏剧效果。首先，他自作主张地更换了菜单，没有告诉他的高管团队。其次，他保守了这个变化的秘密。最后，他的团队走进会场时，以为这会是一场普通的庆功晚宴——桌上摆满精致的餐盘、刀叉和食物。

简而言之，他完美地设下了这个局。

你可以想象，当服务员送上一道开胃菜——面包，然后端上了第二盘面包，接着是第三盘面包时，大家会有多么诧异。而且全程没有酒和软饮料——只有纯净水和苏打水。

杰夫趁着时机成熟，站起身来，像个专业的喜剧演员一样，揭开了故事的谜底：今晚，我们只配享用面包和纯净水。

我们很有把握，参与那场晚宴的所有员工都会铭记杰夫的话。他们还会记得这场晚宴是如何拉开转型的序幕的——把自鸣得意和自满的文化改造成积极进取、追求业绩增长的文化。同样重要的是，一年之后，他们享受了一次真正的庆功晚宴。

打破学术等级氛围

布里吉特·马德里恩是杨百翰大学万豪商学院的首任女院长，她遇到了两个组织文化上的难题。她要想和她的学生拉近距离，就必须克服这些难题：人们对她作为女性应该扮演的"合适角色"的期待，以及对她作为院长应该扮演的"合适角色"的期待。她决定用一种戏剧性的手法来解决这些问题。

❖ 故事 7-2

利用《哈利·波特》主题来减轻学生的畏惧
◎布里吉特·马德里恩，杨百翰大学万豪商学院院长

大学、学院是充斥严肃氛围的场所，尤其是在校长、院长等高层管理者的办公室附近。学生有时会觉得在管理者面前很拘束——管理者有时也会觉得在学生面前很不自在。在学校管理层和学生之间，常常有一个文化上的鸿沟。

对我来说，这个鸿沟更深，因为我是学院的首位女院长——学生不但不

知道如何与院长相处，更不知道如何与女院长相处。

　　我想努力消除这个鸿沟。我希望我们的学院在保持严谨求实的学术态度的同时，不要让人感到畏惧和恐慌。我希望学生感到轻松。我相信，如果他们身处更加舒适的环境之中，他们在课堂上的表现就会更加出色，这对学生、教职工以及聘用学生的企业——总之，对所有人——都有益处。

　　而且，我也想从中找到一些乐趣。

　　我从一些简单的事情着手——举办了一个名为"院长请你吃甜甜圈"的活动。我和副院长们在教学楼里给经过的学生分发甜甜圈。我还会出席各种学生组织和社团的会议，只是为了让学生和我熟悉起来。这些做法都收到了不错的效果，也开始影响学院的文化，但我想更进一步。

　　我是《哈利·波特》系列电影的影迷，而万圣节在 3 周后即将到来。我打算扮成《哈利·波特》系列电影中的一个人物——多洛雷斯·乌姆里奇（Dolores Umbridge），借此机会和学生互动一下。

　　多洛雷斯·乌姆里奇是一位恶毒的女校长，她进入霍格沃茨魔法学校，取代了一位伟大英雄——校长邓布利多（Dumbledore）——并颁布了数百条"教育令"，可这些法令的颁布根本不是为了提高教育质量。这些法令被张贴在墙上，供所有学生阅读。

　　此外，如果某一学生的行为违反校规，或者令多洛雷斯不满——无论是什么事情——那么这个学生就会被罚留校。上课迟到的学生会被罚留校，头发乱糟糟的学生会被罚留校，举止粗鲁的学生也会被罚留校。

　　在我看来，我们的一些学生可能认为，商学院的院长就像多洛雷斯那样：每天到处检查，保证教职工和学生都遵守规章制度，如果他们有任何违规，就要纠正他们。我打算扮成《哈利·波特》系列电影中的多洛雷斯来消除他们的这种误解，并从中找到一些乐趣。

　　我买了一件粉色的连衣裙——多洛雷斯的标志性服装。多洛雷斯喜欢猫，所以我搭配了一只毛绒猫，还有一只可爱的粉色钱包。我让工作人员在教学大楼里循环播放多洛雷斯的主题曲，还让工作人员拟定了几十条"教育令"并张贴在教学大楼的墙上。一些副院长也换上了《哈利·波特》系列电影中其他角色的装扮。我们在大楼里晃悠，我会走到一个学生身边，说"哎呀，上课迟到了——罚你留校"，然后递给他一块糖果，或者说"衬衫没塞好——罚你留校""鞋带松了——罚你留校"，然后送上糖果。

这些学生都是在《哈利·波特》这部作品的熏陶下长大的，所以他们一下子就明白了这种玩笑。这的确很有意思，学生兴致勃勃地讨论了好几天。但这也传递了一个信号——我虽然是学院的院长，也是学院的首位女院长，但你们不用害怕我。我们都身处这所学院之中，如果想成功，最好的办法就是尽量提高合作的效率。

而且，在这个过程中，我们也许还能从中找到乐趣。

这是一次颇具戏剧性的绝佳尝试，目的是打破可能阻碍学院教育理念发挥作用的文化壁垒。当然，这样的活动无法轻易改变那种已经存在了数百年的学术等级氛围，但这是一个良好的开端。

一条短裤真能改变一个组织的文化吗

❖ 故事 7-3

我的时尚宣言

◎沙恩·金，游戏驿站的首席执行官

我曾在微软工作数年，后来成为游戏驿站的首席执行官。在微软，如果不需要接待客户，员工可以自由选择工作着装。游戏驿站的总部位于得克萨斯州的达拉斯，在我抵达公司的那天早晨，气温已经高达 100 华氏度[⊖]。然而，我四处张望，却发现没有员工穿短裤。原来，游戏驿站有一项禁止员工穿短裤上班的规定。

当时的游戏驿站陷入了运营危机。人们对市场前景感到担忧，公司的多位高管人员纷纷离职。主机游戏市场的去中心化趋势给公司带来了巨大的挑战，私募股权公司对公司的收购意向日益强烈。我想缓和一下紧张的气氛，让员工在工作中感到轻松愉快——规定员工可以穿短裤上班或许是一件小事，但也许能够起到一定的效果。

为了宣布新的"短裤政策"，我们制作了一段幽默的视频。视频开头，大家只能看到我上半身的画面，我身穿深色的西服并佩戴领带，忙于会议、白板演示等活动。可在视频的结尾，画面露出了我全身的造型——我竟然穿着一条短裤，配着西服和领带，以及黑色的长袜和皮鞋。顺便说一下，这真是糟糕透顶的搭配。我对着镜头说道："从今天起，大家可以穿短裤上班了。"

这段视频引起了惊人的反响，仿佛我向员工许诺了一个美好且富有的未来。这不仅仅意味着我们可以穿短裤上班了，也意味着我们可以在工作中找到乐趣。这一举措广受员工欢迎，使我们有动力去面对公司遇到的一些更深层次的问题。

这个故事其实是通过视频呈现的，它刻意营造了一种戏剧性的效果，而且很有意思。但请牢记，这个故事的重点并不在于员工可以穿短裤上班，而在于它营造了一种氛围，可以帮助员工放松并寻找工作中的乐趣，同时有动力应对公司面临的挑战。

⊖ 约 37.8 摄氏度。——译者注

打造更具创造性的文化

❖ 故事 7-4

我模仿史蒂芬·泰勒

◎格雷格·坦尼，RG Barry Corporation 的首席执行官

我已经担任 RG Barry Corporation（以下简称"RG Barry"）的首席执行官多年。RG Barry 是一家从事各类"功能性时尚"业务的公司，主要产品包括拖鞋（以 Dearfoams 为代表）和旅行包（以 Baggallini 为代表）。在这些业务领域，我们需要培养一种创新和具有创造性的文化，让我们的产品不仅具备高度的功能性，而且具备时尚的吸引力。

RG Barry 的创始人曾经长期担任董事会主席。他是一位精通产品管理的高人，但他也使公司形成了一种十分保守和谨慎的文化。这种文化有时会限制我们开展创新业务以及追求新的时尚趣味。我认为，如果公司要实现预期的进步，就必须打破这种传统。

我决定借助公司的年度团建来开启这一转变。我们与一位外部顾问合作，将我们的管理团队分为三个小组。每个小组需要编写并演出一个关于公司及其文化的幽默短剧。评委有三位——外部顾问、公司的人力资源经理以及我。

我们的设定源自当时电视上风靡一时的《美国偶像》（American Idol）的选秀模式。当时《美国偶像》的三位评委是西蒙·考威尔（Simon Cowell）、詹妮弗·洛佩兹（Jennifer Lopez）和史蒂芬·泰勒（Steven Tyler）。史蒂芬·泰勒是空中铁匠乐队（Aerosmith）的主唱，他的形象具有十足的摇滚歌手气质。

为了呼应《美国偶像》这档选秀节目的设定，我们决定让外部顾问装扮成西蒙·考威尔，公司的人力资源经理装扮成詹妮弗·洛佩兹，我则装扮成史蒂芬·泰勒。

毫无疑问，史蒂芬·泰勒是《美国偶像》中最为耀眼的评委。为了模仿他，我穿上了一条紧身的豹纹裤、一件宽松的破洞衬衫，搭配了几条色彩缤纷的围巾，还戴上了长长的黑色假发。当主持人宣布"'史蒂芬·泰勒'为第三位评委"时，我冲进了即将表演短剧的房间。我的团队成员都傻眼了，他们笑得前仰后合——我想他们肯定没料到公司的首席执行官会这么搞怪。

坦白说，我看起来很滑稽。但对我而言，此举只是为了在公司中营造一种更轻松、更有趣、更有创意的文化。多年以后，没人记得哪个短剧赢得了此次比赛的冠军，他们只记得，首席执行官曾经装扮成史蒂芬·泰勒的模样——这激发了员工跳出原有的思维模式，对"功能性时尚"进行创新的勇气。

首席执行官装扮成史蒂芬·泰勒是一种极具戏剧性的举动。它也传递了令人印象深刻的信息——让我们寻找乐趣，让我们展现创意，让我们用创意来提高我们的"功能性时尚"业务。有意思的是，布里吉特·马德里恩和格雷格·坦尼并不是我们故事数据库中仅有的为了表明组织文化需要变革而模仿他人的领导者。

我们有一位熟人在一家跨国公司的中国子公司担任领导者，他想要向员工着重强调学习并尊重中国文化的重要性。为了表明这一点，他化身为中国哲学家孙子，并向参与全体部门管理会议的所有经理发放了孙子的名著《孙子兵法》。然后，他身着戏装，按照书中的架构和形式阐述了各部门的新战略。在其他的管理会议上，他还扮演了中国历史上的其他知名人物。

有些人或许会认为领导者扮演中国历史上的知名人物是不恰当的"文化

挪用"，但这家公司的人并不这样认为——毕竟，这位领导者并没有假借中国著名哲学家或其他知名人物之名行事。相反，员工们明白了这一举动的真正意义——尊重中国文化，突出它对公司的影响和重要性。培养对中国文化的尊重是这家子公司在中国取得成功的一个关键因素。

而且，这个过程也很有意思。

公布季度财务业绩

公布季度财务业绩是一件极其乏味的事情，相关会议有时甚至会让会计师打瞌睡。在我们收集的故事中，有一位领导者决定在这些煎熬的会议中做出改变，以此进一步消除使人拘谨的等级化的组织文化。

❖ 故事 7-5

盛装打扮，公布财务业绩
◎一家跨国企业的首席执行官

我作为首席执行官加入这家企业时，企业有着一种使人拘谨的等级化的组织文化。这家企业的首席执行官几乎被视为"神明"。

可以想象，如果员工觉得我高高在上或者不近人情，我可能无法了解企业的真实问题。所以，我决定改变现状。

我会在公布企业的季度财务业绩时换上一套令人意想不到的装扮，比如扮成流行歌手、恐龙或者野生动物，然后与大家分享业绩数据。

在看到我的这身装扮时，会议的参与者总会笑翻。我的这个小把戏只是为了消除人们对首席执行官的崇拜心理，不要把我视为教皇或者其他的神圣人物。这样一来，员工就可以把首席执行官当成普通人，用善意的心态去倾听我的话语。

重申文化变革

成功转变了组织文化的企业可以借助具有戏剧性的管理方式来重申、庆祝这种变化。例如，我们可以参考 DaVita 是如何运用戏剧性元素的。

❖　故事 7-6

人人为我，我为人人！

◎迈克·斯塔菲耶里，DaVita 肾脏护理板块的首席运营官

我们想要寻求一些方法来赞颂我们的企业文化——我们的企业就像一个村庄，大家互相关心和帮助。结果发现，我们的高管团队中有些人对电影《三个火枪手》(*Three Musketeers*) 展现的团结精神和象征意义情有独钟。在电影《三个火枪手》中有这样一个场景：国王派出一支新的火枪队去消灭三个火枪手。面对这样的命令，三个火枪手高举他们的剑并交叉在一起，壮烈地呐喊："如果我们必须死，就让我们死得更有意义！人人为我，我为人人！"

好吧，我们找到了这部电影，并且将电影中的台词修改成"如果我们必须透析，就让我们透析得更有意义！人人为我，我为人人！"。

我们采用了"人人为我，我为人人！"这一口号并沿用至今。该口号通常出现在企业的现场活动以及电话和团队信息的结尾，旨在彰显我们的团队凝聚力和情感。

作为员工入职流程的一部分，我们长期在培训会议上播放这个电影片段。我们的许多一线工作人员，包括营养师、社会工作者、护士和患者护理技术人员，都看过这个电影片段。我们还基于这一电影片段，构建了一个完整的"透析"版本的《三个火枪手》故事。

事实上，每次举行培训会议的毕业典礼时，主持人——包括我和其他高

管在内——都会扮成火枪手。这些毕业典礼的观众一般有 500～1000 人，我们会放映改编过的电影片段，谈论它对 DaVita 的意义。典礼结束后，员工可以携带家属上台，和一个或多个火枪手合影留念！

这个过程很有意思，它展示了我们是怎样的一家企业，以及我们想要塑造怎样的企业文化。

我们在文化变革故事数据库中发现，戏剧性的表现形式千差万别。有些首席执行官擅长戏剧性表演——他们组织了令人印象深刻的活动，扮演了知名的角色等。而有些首席执行官比较低调，但即使是相对含蓄的文化变革故事，也不乏戏剧性的成分。比如，在故事 1-1 中，马诺埃尔·阿莫里姆邀请呼叫中心的一位员工向公司的高管做了一次报告——这可不是一般的戏码。

但是，我们也明白，并非所有的领导者都能适应利用戏剧性的手法来构建和加强他们的文化变革故事，这或许就是我们的数据库里只有约一半的文化变革故事采用了这种手法的原因。但是对于那些能够欣赏戏剧性的人来说，它可以在故事塑造、情节强化和加深故事倾听者的印象等方面发挥重要的作用——这一切都会提高领导者构建的故事真正促成文化变革的概率。

结　论

本书介绍的许多文化变革的历史案例都充满了戏剧性的色彩。第 4 章所述的那场声势浩大的"食盐进军"表明，甘地是运用戏剧性元素开展社会运动的高手。如第 5 章所述，当纳尔逊·曼德拉在南非橄榄球世界杯决赛中穿上跳羚队的球衣时，他就是在进行一场具有戏剧性的表演。如第 6 章所述，当亚伯拉罕·林肯基于他在西部农村做律师的经历来说服众议院的议员投票支持美国宪法第十三条修正案时，他就是在进行一种极具个性的戏剧性表演。此外，戏剧性还在英国废奴运动中发挥了意想不到的重要作用。

英国废奴运动是现代社会运动的先驱之一。[2] 后者往往运用了许多戏剧性的手段，英国废奴运动也不例外。[3] 英国废奴运动的政治领袖会为他们的同僚举行宴会，邀请一些曾经的为奴者向其他宾客讲述他们的经历。要求停止奴隶贸易并支持与之相关的行动——比如抵制加勒比海地区奴隶种植的糖——的集会和示威活动十分常见；在下议院的地板上铺着多份长达 50 英尺的请愿书，每份都载有数千个呼吁废除奴隶贸易的签名。

要在下议院通过反奴隶贸易的第一次投票，需要一种特别的戏剧性——反奴隶贸易法案的拥护者需要在相应的立法推进时表现得若无其事。

英国下议院废除奴隶贸易运动的领军人物是威廉·威尔伯福斯（William Wilberforce）。他于 1759 年出生于一个富裕的商人家庭，20 岁出头就已经能够自力更生。他还在剑桥大学圣约翰学院读书时就当选为议会议员，然而，直到 1784 年他皈依了基督教福音派后的几年，他才开始参与反奴隶贸易运动。

奴隶贸易存在于英国与非洲西海岸和"新世界"（即北美和南美，包括加勒比海地区）之间。贸易货物从英国的港口运往西非销售，而收益用于从非洲内地购买黑人。这些人经船舶运输至"新世界"，被当作奴隶贩卖。奴隶在"新世界"的劳作成果——棉花、糖和朗姆酒——会被运回英国。

在鼎盛时期，奴隶贸易为英国贡献了约 80% 的海外收入。英国的船只悬挂着各式各样的国旗，每年从非洲掠走约 4 万名被奴役者，而且，他们被送往"新世界"时会途经饱受诟病的"中间通道"。平均而言，每年约有 20% 的被奴役者会在海洋航行途中丧生。

1783 年，第一批呼吁废除奴隶贸易的请愿书送达英国下议院，但随后就被束之高阁。1791 年 4 月，第一项废除奴隶贸易的法案在下议院投票表决，以 163 票对 88 票的结果未能通过。一年后的 1792 年 4 月，又一项法案被提上议程，但以 230 票对 85 票的结果遭到否决。第三项法案于 1793 年 2 月提出，它以 8 票之差落败。这种情况在随后的几年里反复出现。

在此期间，废除奴隶贸易的倡导者不断举行集会，散发请愿书，撰写图书，发表演说。尽管他们竭尽全力，但这一运动难以取得成效。

于是，威尔伯福斯和他的同事制订了一项新的计划。他们没有把废除奴隶贸易的提案当作一个重大的戏剧性事件来推进，而是让一位同事——一个并非坚决反对奴隶贸易的人——在下议院提出了一份名为《禁止外国奴隶贸易法案》的"小型"法案。这项法案是在下议院基本无人出席的情况下提出的，它只是禁止英国臣民协助或教唆与任何法国殖民地进行奴隶贸易。由于当时英国正与法国交战，这样的禁令几乎没有遭到反对。事实上，它完全符合"有效地妨碍法国作战"这一目的。

不过，很多英国船只冒充美国船只参与了奴隶贸易，所以禁止与法国殖民地进行奴隶贸易，其实就是间接禁止了奴隶贸易。这项法案在 1806 年 5 月 23 日通过了下议院的表决，并得到了王室的批准。

这项法案的通过，呈现了两个戏剧性效果。一方面，废除奴隶贸易的支持者不得不装作《禁止外国奴隶贸易法案》与奴隶贸易本身几乎没有或根本没有关系——对废除奴隶贸易充满热忱的人们贡献了一场精彩的表演。另一方面，为什么在这项法案提出的那一天，下议院的座位上几乎无人呢？原来，威尔伯福斯自费邀请了下议院的全体议员在当天下午去欣赏一场戏剧。那些反对废除奴隶贸易的议员，因为在剧场享乐而错过了投票反对这个"小型"法案的机会。

第二年，一项旨在根除奴隶贸易的法案以 283 票支持、16 票反对的结果在议会通过。1807 年 3 月 25 日，王室正式批准了这项法案。

这宣告了英国奴隶贸易的终结。

为了变革组织文化，你是否愿意采取一些具有戏剧性的手段呢？

第 8 章

让故事发生连锁反应

　　组织文化是由一系列关于价值观和规范的故事塑造的。当这些故事被新的故事替代，组织文化也就随之改变。要想引领这种变革，你需要构建一些真实的故事，让自己成为故事的主角，与过去决裂，并描绘出一条通向未来的道路；同时，触动人们的理智和情感，增加故事的戏剧性。只有这样的故事，才能开启文化变革的过程。

　　然而，要想真正创造出新文化，你必须让组织中的其他成员也参与其中，也就是让他们开始构建自己的文化变革故事。他们的构建，我们称为故事的连锁反应。只有当这些故事能够呼应并延续你已经塑造的故事时，这些故事的构建者才是真正地在与你携手共塑新文化。

故事分享技巧

　　当然，要想在组织中让故事发生连锁反应，你的员工必须先了解你构建的文化变革故事。那些没有在员工之间流传并引发交流的故事，无法激励这些人去构建他们自己的故事。简单来说，没有故事的分享，就没有故事的连锁反应，而没有故事的连锁反应，就没有文化变革。

　　幸运的是，我们研究发现，有许多方法可以帮助你与组织成员分享你构建的故事。下面的一些例子可供参考。

故事自发地传播

　　有时候，你构建的故事会自发地传播开来。它们是如此令人信服，而且构建方式如此巧妙，以至于能像烈火一样在你的组织中快速扩散。当你构建的故事拥有本书所提到的所有理想的故事属性时，这种情况就极有可能发生。

　　例如，请试着回忆，我们在本书中分享的第一个故事——第 1 章的故事 1-1——讲述了马诺埃尔·阿莫里姆如何邀请呼叫中心的员工向他的高管团队成员解释，为了解决一款新产品的使用问题，公司需要获取哪些信息。这个故事非常真实，因为马诺埃尔坚信他的公司必须建立一种客户服务导向型文化才能在新的市场环境中立足。这个故事就以马诺埃尔这位领导者为主角，但故事场景却在一个公开的场合——公司的高管会议。它象征着与过去的决裂并指明了通向未来的明确道路，触动了员工的理智和情感，而且充满了戏剧性因素。

　　你觉得这个故事需要多久才能在整个组织里传播开来？几天？几周？其实都用不了一天！

　　你觉得杰米·奥班宁的决定（故事 4-5）——即便她的眉骨被撞得血肉模糊，还是坚持参加电视直播推销她们的护肤产品，需要多久才能在她的组织里引起轰动？

　　你觉得杰夫·罗德克主持的一场只有面包和纯净水的"庆功"晚宴（故

事 7-1）的故事需要多久才能在他的组织里传播开来?

这些故事和本书所分享的其他故事几乎都自发地在组织中传播开来。但情况并非总是如此。有时候，你可能需要更加积极主动地去设计一个方案，让更多人主动分享你构建的故事。

在全体会议上构建并分享故事

领导者常常借助全体会议来构建并分享文化变革故事。这些会议可能涵盖组织中的所有人（Health Catalyst 丹·伯顿的故事——故事 3-5）、工厂中的所有人（一个为产品失误承担个人责任的工厂负责人——故事 4-3），或者只有直接向领导者汇报的员工（ADM 斯特凡诺·雷托雷的——故事 3-3）。在这些情况下，全体会议的目的不仅仅是传递一些信息，或者提出并回答问题，目的还在于构建文化变革故事，而这些故事反映了领导者想要推行的特定类型的组织文化。

有时候，全体会议是构建并分享故事的有效途径。请仔细思考下面克利夫·克莱夫的案例，他是一个努力改变组织低效文化的领导者。

❖ 故事 8-1

停止把猪举高

◎克利夫·克莱夫，MediNatura Inc. 的首席执行官

当我们还是 Heel Pharmaceuticals（德国一家顺势疗法药品公司）的子公司时，开拓美国市场是一项重中之重的任务。这是一项全球性的战略任务，总部在美国的业务上挥金如土，仿佛一个醉醺醺的水手。他们建立了一个庞大的机构，拥有近 400 个 SKU、120 名员工，每年亏损 500 万美元。我们每个月都入不敷出，而在我们向德国总部报告这一情况后，对方就会给予我们

更多的经济支持。

当我接手美国业务的总经理职位时，我觉得这不是一种有效的经营方式。于是，我召开了一次全体员工大会，并用一个笑话开场。这个笑话在我们公司里产生了巨大的反响。事实上，这个笑话中的精彩语句几乎成了公司众人的口头禅，并已经成为我们文化的标志——尤其是我们独立成为一家新的公司后。

这个笑话是这样的。从前，有一位瑞士经理到美国旅游。有一天，他去参观农场，正巧看到一个奇怪的农民在给他的猪喂食。这个农民抱起一只猪，把它高高地举到空中，让猪吃到树上的苹果。等到一只猪吃饱了，农民就把它放下来，然后抱起另一只猪去吃，直到所有的猪都喂食完毕。

这种喂食方式冒犯了瑞士经理对经营效率的执念。"听我说，朋友，"经理对农民说道，"你何不用根棒子，把树上的苹果敲下来，让它们落到地上，然后让猪吃地上的苹果？这样会省下很多时间。"这位瑞士经理自以为给了农民一个好建议，转身后扬长而去。但农民感到不解，嘀咕道："这个瑞士人真是疯了，猪又不懂什么是时间。"

讲完这个笑话后，我继续说道："如你们所见，我是这个组织的最高领导者。虽然其中发生的 95% 的事情我都不甚了解，但我敢肯定，当我们按照德国总部的要求做一些在这里毫无意义的事情时，我们每个人都在浪费时间把猪举高。而且，因为我们把所有的时间都花在了这类事情上，我们在疯狂地赔钱。我希望你们仔细观察我们的公司，找出效率低下的地方，然后改善它们。换句话说，我们要停止把猪举高。"

后来，当公司的某个团队只是按照"一贯的做法"或者只是沿袭曾经隶属于德国总部时期的习惯开展业务时，经常可以听见员工抱怨——"看吧，我想我们正在把猪举高"。事实上，在每个季度召开的会议上，各个团队都会分享他们摆脱"把猪举高"的经验。

克莱夫意识到他的公司存在一个文化难题，于是召开了全体员工大会，探讨这个问题和解决方案。他用"把猪举高"的笑话号召大家与过去决裂，同时描绘出一条通向未来的道路。而且，这个笑话本身就颇具戏剧性。克莱夫在大会上分享了这个笑话，所以他是自己构建的故事的主角。随着"把猪举高"这一表达在公司里传播开来，它成为克莱夫努力塑造的新文化的一个标志。每当有人说起"我们正在把猪举高"，他就是在参与塑造一种以效率为导向的新文化。

利用小组会议构建并分享故事

有时候，分享故事的方式本身就是你构建的故事的一部分。这种构建并分享故事的方式运用了马歇尔·麦克卢汉（Marshall McLuhan）最先提出的一个理论：媒介即信息。[1] 在这里，"媒介"是指分享故事的方式，而"信息"是指故事里的具体文化内容。分享故事的方式（媒介）实际上可以构成故事的内容（信息）。例如，看看下面的例子，仔细思考皮特·皮萨罗的故事分享过程如何强化了该故事的文化内涵。

❖ 故事 8-2

我曾是我们公司的目标受众

◎皮特·皮萨罗，Ilumno 的首席执行官

人们常常问我，我是如何最终进入教育领域的——先是担任 Whitney International University Systems（已更名为 Ilumno）的总裁兼首席执行官，后来成为 SALT Venture Partners 这家专注于促成教育科技投资的公司的管理创始人。我职业生涯的这一阶段，以及我对这些教育行业的公司的管理方式，都与我的个人成长经历有关。

　　我出生于古巴，一岁时，作为难民来到美国。当抵达美国的土地时，我们在一个难民接收中心接受了安置，工作人员给我们每人一张前往加利福尼亚的单程票和一张社会保障卡。全家人立马开始寻找工作。3年后，我的父亲带着奶奶从古巴过来，和我们在美国团聚。

　　我曾经在洛杉矶住过一阵子，但大部分的童年时光都是在迈阿密度过的。我在一个极其贫困的街区里长大，上了一所犯罪率较高的高中，那里经常发生斗殴。我在高中时闯了不少祸，最终勉强毕业了。毕业后，我和一些坏人混在一起。我觉得大学不适合我。

　　一天晚上，我和我的朋友们胡闹，惹出了一堆麻烦，我险些被捕，险些进了牢房。第二天一早醒来，我才意识到事情有多严重。我心里清楚，那个惹祸的家伙不是真正的我，那些举动只是我在当前所处环境的影响下的"无奈之举"。那天早上，我决定去迈阿密达德社区学院（Miami Dade Community College），他们为像我这样有潜力的学生提供奖学金——上学的费用非常低。那个晚上的经历让我坚信，我必须改变自己的生活，而接受教育是我实现这一目标的关键。

　　我在社区学院求学时，外公送了我一张票，让我去聆听美联储主席的演讲。那时我年仅18岁。在那场演讲中，我有幸坐在一个管理迈阿密大学奖学金基金的人身边。他让我相信，像我这样的人也能进入那所高校。于是，我在社区学院刻苦学习，获得了优异的成绩，申请了奖学金，并最终被迈阿密大学录取——尽管我出生在一个收入非常低的家庭。

　　几年后我取得了会计学学位。在迈阿密大学，我始终成绩优异，所以一毕业就被毕马威会计师事务所（KPMG）录用了。但我对那份工作十分厌恶，因为我是做审计的，而我恨透了审计。我心中有着创业的梦想。我不明白审计是干什么的，但我知道给别人算钱并不适合我，所以我在毕马威干了几年就辞职了。后来，我在IT和电信行业从事了一些非常有趣且有前景的工作，并在西北大学取得了 MBA 学位。但是我一直对创业充满了渴望，尤其是教育领域，因为它对我的生活产生了深远的影响。

2011 年，我应邀成为 Whitney International University Systems 的首席执行官。当时，该公司在拉丁美洲的 7 个国家开设了 10 所大学。我们拥有15.5 万名在校学生，32 个校区，以及超过 8000 名教职员工。我们的大多数学生都是他们家庭的第一位大学生，且他们大部分来自贫困家庭。也就是说，我们的大多数学生和我有着相似的经历。顺便提一下，如今这家公司已经发展到拥有超过 30 万名学生和 18 所大学的规模。

在这样一个庞大的运营体系中，事情很容易变得官僚化，学生被视为一个个的数字而非有着真实潜力的真实个体。我有着与他们相似的背景和故事，我不能容忍这种事情发生。

我曾经在一些公司工作过，这些公司花费了数百万美元邀请最知名的顾问，但这些公司的员工仍然对公司的愿景和战略一无所知。这种情况在我们的公司绝不该发生。所以我把 80% 的时间都花在了路上，与学生、教职员工见面和沟通。我会挖掘那些潜力无限的高绩效教职员工，寻找那些在组织中颇具影响力的教职员工，我们会一起共进早餐。我也会用同样的方式与学生交流。

在早餐时，我会与对方分享我的故事。我会向他们说明，我的故事是如何让我认识到"我们的目标不是招生"的。我们不会把潜在的学生当成"线索"，我们的公司不以招生为核心业务。我们的核心业务是培养学生至毕业——确保他们能够坚持学习，确保我们能够为他们提供高质量的教育。只有让学生能够顺利毕业，我们才能取得成功和财务上的可持续性。这就是我希望整个组织中的所有成员都能明白的道理，无论其职位是高还是低。

对我而言，我们的使命在于普及教育，给所有弱势的学生一个接受教育的机会。我总是说，我是幸运的。考虑到我的出身，我的确是幸运的。但是我们想要打造一家公司，让大家不必依靠运气就能接受教育。而且我们希望为社会做出贡献，让那些与我有类似经历的人——那些误入歧途、犯下过错、四处游荡和惹是生非的人——放下过去，重返校园，然后改变自己的生活。

我们成功的真正原因在于，公司的所有员工都明白我们的愿景，都了解我们的战略，而且每个人都认同它。我的个人故事则让这一切变得真实——在一次次的早餐会面中打动对方。

皮特的个人故事无疑非常感人，这是典型的"白手起家"的故事。它之所以能成为文化变革故事，有两个原因。其一，故事的内容与皮特想要在组织中推行的战略相呼应。那个战略看似简单——把重点放在培养学生直至毕业，而不是招生，然而，我们发现许多营利性的大学和学院只关注招生，却忽视了培养学生适应就业市场的能力。[2] 其二，随着公司规模越来越大，员工很容易忽视教育使命，而皮特的故事帮助公司的战略和承诺变得更加鲜明。

但是，请注意，皮特分享故事的过程是如何强化故事中的信息的。皮特故事的核心信息在于，每个学生都应该被视为一个拥有独特潜力的真实个体，而非一条能带来销售收入的"线索"。那么，皮特是如何分享故事的呢？他花了80%的时间跑遍各个校区，与学生、教职员工进行会谈和交流，且经常与他们共进早餐。事实上，皮特分享故事的方式强调了故事的核心信息：正如我将每个人，我的学生和教职员工，都视为一个独立的个体，我也希望你们将自己接触到的人——当前的和未来的学生——视为一个个拥有个人价值的独立个体来对待。事实证明，这种努力带来了显著的业务增长和财务成功。

基于网络构建并分享故事

对于网络服务公司的首席执行官而言，要想打造一种以用户体验为核心的文化，最好的方法就是发挥网络的优势。

❖ 故事 8-3

布雷特截图

◎布雷特·凯勒，Priceline 的首席执行官

在我们公司中，无论哪个级别的员工，只要你问起，他们都会告诉你，我总是向他们发送截图，告知他们公司网站上存在的问题或是可以改进的地方。我是公司产品的忠实用户，不管是在计算机、手机上还是在平板电脑上，我都经常使用公司的产品。我还会体验竞争对手的产品，并利用需求反馈渠道来提升我们的用户体验。

比如说，我喜欢在周五深夜的两点钟登录谷歌，搜索旅游方面的内容。然后我会点开广告，看看它们能带我去哪些地方。我甚至会预订行程，订购一些东西。在这期间，只要我发现我作为用户的体验有任何不流畅或不完善的地方，我都会截图，然后发给我们的产品经理或业务合作伙伴。我从一名普通用户的视角，向公司提供反馈意见。

相关的产品经理收到我的电子邮件后，不一定要立即动手解决问题，但要仔细考虑我指出的问题是否确有其事，如果是，则需要想办法解决。他们了解我对公司产品有多么热爱——我花费大量的时间使用它。他们也明白我们追求一个共同的目标——希望用户能在公司的产品上获得最佳的体验。

你也知道，人们在工作中很容易迷失自我，忽略用户的真实感受。这就好像你戴着眼罩一般——"我只负责谈判机票的优惠力度"。这没错，我

们需要这样的专业态度，但你有多少次真正在网站上订购这些特价机票，或者试着把它们推荐给其他平台？如果没有，你就不会知道这些优惠到底有多大的吸引力。或者，如果你是负责酒店体验的产品经理，你的工作是在网页上呈现客房的介绍内容，你有没有以用户的身份使用这些网页进行客房预订？如果没有，你就永远无法真正体验到自家的产品。如果总是以产品经理的角度看待产品——编写需求文档提交给设计师或开发者，后者实现这些需求——你或许已经实现了所有的技术要求，但用户体验却可能很差劲。

　　我这样做，只是想让我的员工明白：要想真正了解用户对产品的感受，你就必须亲自体验产品，不能只是站在产品经理或业务经理的角度。要做到这一点，你就要把自己当成一名普通用户去使用自己的产品。我们的产品是网络服务，这对我们而言，好处在于我们可以随时随地地使用它们。

　　比方说，我在度假的时候，也可以使用公司的产品。其实，我每天都在这么做，一天也没落下。幸运的是，我不是每天都会遇到问题，但我至少每周都会发送一次截图。我从加入这家公司的第一天起就保持着这个习惯，已经持续了20年。

　　这里有一个具体的例子。我们最近推出了一个VIP计划。在我们的第一次首席执行官会议上，我先向大家表示了对这个令人惊艳的计划的赞赏，然后向大家展示了我的VIP个人资料页面的截图，告诉他们我对它的各个方面都很满意。我也提出了一些我觉得不太合适的地方，比如，我觉得有些文案不能体现VIP的身份。

　　我没有细说这一点，也没有告诉我的员工该如何改进或者这些问题有多严重。我只是把自己当成一名用户，对我们的产品提供一些反馈——体验过程是否顺畅和完美？如果不是，那我们的团队就要想办法解决相关问题。

　　我有时候会担心员工害怕收到我的截图，担心他们不敢打开我发送的电子邮件，因为一旦打开，他们就会看到一张张截图，逼着他们去改正一个个问题。但我在这时只是一名用户——如果用户碰到了问题，我们当然要解决。

我作为用户提供反馈的时候，也不会绕过组织的层级。我会直接把截图发送给当前产品相应部分的负责人，而不会发送给他的直接下级来削弱他的地位。其实，这不是要"找他的茬"或者给他一个"惊喜"，只是为了让我们的产品更加完美。

这种以用户为核心的文化已经在公司中流行。如今，每当我向员工发送截图，他们通常都会回复我："是的，我们已经注意到了这个问题，已经着手解决，很快就会修复它。"过去，我们的员工很少使用我们的产品；而如今，员工都成了公司产品的"专业用户"。正因为这样，我们对用户体验的关注度大大提升了。

布雷特再次明确地传递了他的文化理念：让公司产品给用户带来最佳的体验。这是 Priceline 在激烈竞争的网络服务行业中实现产品差异化的策略。布雷特传递这个理念的方式——媒介——也与理念的内容相呼应：他将在自家网站上体验时发现的不顺畅或不完善的地方的截图发给了相关人员。他利用这些截图传递了完美的用户体验的重要性。

诚然，每张截图对 Priceline 的用户体验的总体水平的影响或许微乎其微。但他利用多年来每周发出的截图构建了一个故事：Priceline 的用户体验是至高无上的。这是 Priceline 与众不同的关键因素，也是其文化的核心价值观。

通过电话构建并分享故事

有时候，分享故事本身就是故事的一部分。让我们看看下面的例子，思考这位跨国巨头企业的首席制造官的经历。

❖ 故事8-4

在新冠疫情期间关心员工
◎一家跨国巨头企业的首席制造官

在危机时刻，打造一种集能力、品格和关怀于一体的文化至关重要。当接手企业一个重要业务的供应链时，我发现企业文化并不足以让领导者经常深入工厂，和每个员工面对面地沟通工作进展。

在我上任后，我决定每周至少前往一个工厂或技术中心视察。我重新安排了我的日程，把70%～80%的时间投入到业务运营中，剩下的时间花费在总部事宜上。如此一来，我不仅了解了运营团队的情况，团队成员也认识了我，并感受到了我对他们的关心。

多年后，新冠疫情暴发。我们首先要做的，当然是保证"能力"——确保我们工厂里的人员的安全。所以我们在一周内制定并执行了安全措施。

接着，我们关注了企业文化中的"品格"和"关怀"方面。我花了不少时间与工厂里的各层领导者沟通，尤其是那些一线管理人员。举个例子，那时候，我们有100多位工厂经理，在没有提前通知的情况下，我给每个人都打去电话，询问他们的近况。我和他们所有人都聊了约半个小时。

通常，他们接到这种电话时，都要回答一些问题，或者提供一些数据或资料。但这次不一样，我打给他们，只是说道："嘿，是我。你有什么需要我帮忙的吗？你的身体怎么样？家人都还好吗？"

我就这样打了100多通电话，它们传递了一个明确的信息：我和公司都在关心他们，以及这个部门中的所有人。

他一共打了100多通电话，每通电话都持续了大约半个小时。你算算看——那相当于约50个小时的通话时间！这位领导者在电话里说的具体内容并不重要，重要的是他的这一举动传递了一个信号，反映了他想要在组织中建立一种什么样的文化，新冠疫情也未能阻碍他。

故事分享策略的局限性

这些例子都说明，分享你构建的故事是文化变革过程的一个重要环节。但是，故事的分享也可能会引起一些问题。当你分享故事的方式损害了故事的真实性时，就会出现这种情况。

想想迈克·斯塔菲耶里和我们分享的故事吧——他去探望了一个妻子正在接受癌症手术的好友和一个刚刚生产的员工（故事 6-4）。这些都是非常隐私甚至私密的故事，体现了迈克践行 DaVita 文化价值观的个人承诺。

但如果迈克在全体员工大会或者网站上大肆宣扬这些故事，会有什么后果呢？如此一来，这些故事就会显得非常自私和刻意——"看我，看我多么善良""看我，看我多么忠于 DaVita 的文化价值观"。这些故事本身并没有变，但它们的意味却完全改变了——它们不是在弘扬 DaVita 的文化价值观，而是在破坏它。

所以，迈克的分享策略是保持低调。低调意味着这些故事的文化变革意义无法得到充分体现——至少不是由迈克来体现。但这总比大肆宣传这些故事然后损害 DaVita 的文化价值观要好。

当然，这些故事总是会被人分享然后流传开来。在迈克的例子里，他帮助的那些人主动把这些经历告诉了别人，没有受到任何暗示或鼓动。他们分享了这些故事（有时是在大型会议上，有时是通过非正式的社交媒体平台），因为他们觉得有必要这样做。他们觉得有必要，是因为迈克在践行 DaVita 的文化价值观时的作为给他们带来了深刻的个人影响。而且，他们在分享故事时不仅肯定了迈克的作用，也强调了 DaVita 文化价值观的重要性。

我为人人，人人为我！

让故事发生连锁反应

分享你构建的故事可以让故事在组织中发生连锁反应。当组织成员开始构建自己的故事，会对你的故事有所支持或扩展，故事的连锁反应随即形成。通过构建自己的故事，这些人一同塑造了组织的新文化。

众所周知，故事构建对领导者而言可能充满个人风险和挑战。对于组织成员来说，它可能意味着更大的风险和挑战，甚至会带来恐惧。如何才能激励组织中的其他成员构建自己的故事，从而让故事在组织中发生连锁反应呢？

构建更多的故事

你的员工可能不太愿意构建自己的故事，一个原因在于，他们对你的文化变革决心有所怀疑。你确实构建了一个很棒的故事，但那只是一次性的行为，还是你真的想要推动文化变革？

你可以通过构建另一个故事来回答这个问题。这个新故事应该具备第一个故事的所有特点，也就是本书前面介绍的那些属性。

这个新故事应该不仅能让员工坚信你对文化变革的决心，也能让你有机会深入阐述你所看重的新文化的价值观、信念和行为准则。请记住，在开启文化变革之时，你往往对预期的组织文化没有完整的认识。你需要明确文化变革的总体方向（例如，你们需要一种有利于创新的文化、一种以客户为中心的文化、一种更加透明的文化），但是这种新文化的具体内容还有待进一步确定。

这其实是件好事，有助于文化变革的顺利进行，因为你没有事先设定好你想要塑造的文化的方方面面，为员工和你携手打造这种文化留足了空间。这样可以防止领导者一声令下，强行推行新文化，划定 4 个（或 3 ～ 5 个）核心价值观，以及明确在这种新文化中应该做什么，不应该做什么，从而自上而下地激起对专制的反感。你和员工一起经历创造新文化的过程，最后也许会形成价值观和行为准则的清单——通常来说，让这些随着时间的推移而逐步形成，而不是一开始就强行施加给组织成员，效果会更好。

话虽如此，可仅凭一个文化变革故事，员工或许还难以明白你想要塑造的文化的类型。与其用一些表意模糊的方式来定义这种文化，比如列出一些可能会阻碍大家共建组织文化的价值观或行为准则，不如再构建一个文化变革故事。这样，你不但能够持续地影响你在组织内部打造的新文化的内容，而且能激励员工和你一同打造组织文化。

要求关键的管理人员构建自己的故事

你可以构建自己的文化变革故事，然后等待并期待组织中的其他成员构建他们自己的故事。或者，你也可以邀请组织内部一些有影响力和声望的成员来构建他们自己的故事。在这个过程中，你可以归纳出哪些故事能够更有效地促进组织文化的变革，并找出它们的共同特征。我们称这个过程为"故事播种"——可以收获大量的文化变革故事。

当然，成员构建的文化变革故事必须源自他们的真实感受，不能源自你。如果他们分享的文化变革故事不是自己亲身经历的，这样的故事就会缺乏真实感。如果组织内有成员编造了虚假的文化变革故事，这一耍滑头的行为很可能被认为是对领导者的阿谀奉承。

赞美员工构建的故事

无论故事是自发涌现的，还是由你"播种"而来的，只要它们出现了，就需要对其给予肯定，把它们"传播"给你遇到的每个人，融入你参与的每次会议，呈现在你每次的演讲内容中。看看在 Traeger Pellet Grills（以下简称"Traeger"）这家专注于户外烹饪市场的公司中，赞美员工构建的故事有多么重要。

Traeger 的首席执行官杰里米·安德鲁斯曾经收购了一家组织文化十分糟糕的公司。他坚信，这家公司独有的颗粒烟熏系统能够颠覆传统的户外烹饪行业。但他也清楚，如果这家公司不改变原有的文化，就无法抓住这个机遇。

杰里米试图改造 Traeger 的文化，但他最终决定去塑造一种全新的文化。为此，杰里米裁掉了几乎所有的员工，并把公司总部从俄勒冈州迁到了犹他州。[3]

在这个过程中，杰里米构建了一些引人入胜的故事，展示了他想要在 Traeger 塑造的那种文化——创新、以客户为中心，但他并不确定文化变革是否已经在公司中深入人心。就在这时，发生了下面这件事。

❖ 故事 8-5

客户服务毫无保留

◎杰里米·安德鲁斯，Traeger 的首席执行官

在 Traeger，我们塑造的文化有五大核心价值观，其中之一就是"毫无保留"。这个词的含义不仅在于为客户解决问题，而且在于全心全意地为客户打造一种有意义的产品体验。我们的品牌理念旨在让所有人通过有意义的美食体验来增进彼此的感情，而烤架是实现这一理念的工具。对我们来说，我们的工作就是协助客户享受那些有意义的美食体验，提供毫无保留的服务。我还记得我第一次亲眼见到这种"毫无保留"的精神付诸实践的场景。

那是一个星期一的早晨，我正在办公室里工作。我的销售主管走进来，

对我说道："你猜猜罗伯周末干了什么！"我听得心痒痒的，赶紧问他发生了什么。他给我讲了这么一个故事：作为团队中资历较浅的员工，罗伯收到了一通来自西雅图开市客（Costco）的仓库助理经理的电话。这位经理告诉他："你好，十分抱歉，我不知道该找谁。现在是星期五的晚上，我正要烤一大块牛胸肉，准备明天邀请朋友来观看球赛，结果我的 Traeger 烤架坏了！"

罗伯是位年轻的小伙子。他刚刚当上了爸爸，孩子才八周大。他完全可以把这件事推给别人，或者告诉这位经理："星期一我再联系您。"但是，他没有这么做，他说道："好的，我们现在就来查一查问题。请告诉我发生了什么，烤架怎么了？"几分钟后，罗伯表示："我想我找到问题所在了。"他确认了自己的判断，然后订了一张机票，在前往机场的路上顺路去了趟办公室，取走了需要的零件——螺旋叶片。他从盐湖城飞到西雅图，到达客户家中，修好了烤架，重新启动了产品，还帮客户腌好了牛胸肉并点火烹饪，最后乘坐飞机回到了犹他州。

星期一早上，罗伯来到了公司，一如往常——他坐在显示器前，填写着电子表格，忙着他的工作。他没有高声宣布："嘿，伙计们，你们知道我干了什么吗？"相反，他认为自己有责任买机票去修好那位客户的烤架，于是他就这么做了——他只是在履行他的职责，没什么了不起的。在公司曾经的文化中，如果不征得上级的同意就购买机票前往客户所在地，他会被炒鱿鱼的。

我们是这样了解到罗伯的事迹的：那位烤架出了问题的开市客仓库助理经理向他的经理报告了罗伯的行为，后者联系了开市客总部的业务员，业务员把情况告诉了我们的副总裁，副总裁给销售主管打了电话——到了星期一，销售主管走进我的办公室，将这件事告诉给我。

听完这个故事，我只说了一句话："太棒了，这就是我期待的结果。"我高兴的不仅仅是罗伯亲自跑到西雅图修好了烤架，帮助客户解决了难题，更重要的是，他主动揽下了这个任务——他认为自己有责任践行"毫无保留"

这一核心价值观。有意思的是，罗伯原来是 Traeger 俄勒冈州总部的员工，他是少数几个跟着公司搬迁过来的人。在 Traeger 的旧文化里，他绝不会如此行事。

这件事在组织中引发了故事的连锁反应。

有意思的是，罗伯并不清楚自己正在构建故事——他只是在按照 Traeger 的新文化的要求去完成自己的工作。但是，当杰里米得知罗伯的作为，他马上意识到罗伯打造了一个属于自己的故事，一个能够体现杰里米想要塑造的文化的故事。而且，杰里米很快就想到了办法，将这个故事在公司中广而告之。

❖ 故事 8-6

故事的构建基于员工对服务的承诺

◎杰里米·安德鲁斯，Traeger 的首席执行官

罗伯的作为令人钦佩，但他并不清楚这对公司有多大的意义。他只是回到自己的岗位，打开计算机，继续他的工作。他没有大肆宣传或吹嘘自己的成就，因为在他看来，他只是做了自己应该做的事情。

但我想要赞美他的故事。基于罗伯的行为和我们的信念（即表彰贡献可以激发正向的行为），我们决定启动名为"重视我们的价值观"的计划。每个季度，员工可以基于他们观察到的具体事迹，提名表扬那些践行了公司价值观的员工。每提名一位员工，推荐者便有机会从公司获得 100 美元的奖金——这是对他们的鼓励。

我们发现，当领导者因为员工实践了价值观而对其大加赞赏时，会让被赞赏者感到快乐，也会让他们产生一种工作上的安心感。但是，当同事之间相互赞扬时，被赞扬者会感到一种强烈的使命感，仿佛他们为组织的文化和

愿景贡献了一份力量。

目前，我们已经收到了上百条来自员工的提名，我仔细阅读了所有内容。我之所以发起这项计划，是因为我希望像罗伯这样的员工能够因为践行公司的价值观而受到赞赏，他们不必主动向外界宣传自己。

我要说，将四五百美元装进信封，奖励给那些提名表扬践行公司价值观的同事的员工，是一件很有趣的事情。有些信封里装满了百元钞票。

我们每个季度都会这么做，而且在每个星期一的早晨，我们都会举行一次全体大会，我会在大会上介绍一些在公司中践行了我们价值观的故事。能够公开赞扬这些员工，真是太棒了。

杰里米明白，分享故事不仅能够强化自己构建的故事，也能够激励组织中的其他人构建自己的故事。

Telesp 的马诺埃尔·阿莫里姆也深知赞扬组织内部各式各样故事的重要性。他采用了多种策略，在公司里打造出了故事的连锁反应。

❖ 故事 8-7

赞扬构建的故事

◎马诺埃尔·阿莫里姆，Telesp（Telefonica）的首席执行官

在我刚上任首席执行官的那一年，公司决定开始搜集组织内部的客户服务故事。我们邀请每一位高管都贡献一个其觉得有分享价值的故事，在每周的高管会议上都会有故事讲述环节。我们定期会从这些故事里选出三四个我们认为值得在全公司范围内传播的故事。

接下来，我们会在公司的月刊上刊载这些故事，并配上故事构建者的照片。比如，在一期月刊上，我们刊载了一个来自销售部门的故事，讲述了一

位女性员工如何主动分析并解决销售过程中可能影响客户满意度的问题；在一个故事中，有六位员工建立了一个培训工作室，免费培训呼叫中心的所有接线员，帮助他们了解公司产品的操作流程（涉及中台、服务器和客户住所等众多因素）；在另外一个故事中，有四位员工设计并测试了一个旨在降低公用电话遭到破坏的可能性的程序。

另外，我每个月都会挑出一到三个故事，亲自拜访这些故事的构建者，向他们表达我的感激之情。有时候，我还会邀请他们和我共进午餐，听他们讲述他们当时的做法以及未来的计划。这对组织中的员工是一种巨大的鼓舞。

后来，我们发起了一项名为"冠军之赛"的比赛。这个比赛奖励丰厚，所有员工都可以参与。比赛流程包括寻找一个符合比赛主题并能激活组织的故事，向他们的上司报告（上司有义务协助并指导各自的员工），分享故事，评估故事效果。随后，他们会提交故事，由委员会评审并进行排名。

我们会在年度大会上表彰获奖者并颁发奖品。第一名将获得一张一万美元的支票，对于公司员工来说，这是一笔可观的收入。

在我担任首席执行官期间，我们举办了四次比赛，主题分别是降低成本、客户满意度 A、客户满意度 B 和员工满意度。到了第三次比赛时，有 70% 的员工主动地构建了自己的故事。仅仅在该次比赛中，就有约 8000 个故事的构建者加入了竞争。在之后的时间里，我们会在月刊上刊载其中的一些故事。

结　论

或许，你在职业生涯中会遇到这样的契机——在构建文化变革故事的同时，有机会去分享这些故事，两者完美结合。在这样的关键时刻，你的作为会对组织文化产生深远的影响。

　　对于美国的文化而言，这样的契机出现在 1963 年 8 月 28 日——在华盛顿特区的林肯纪念堂前，面对着超过 25 万名听众，在那一刻，马丁·路德·金（Martin Luther King Jr.）博士创造并传播了一个关于种族关系的愿景，这个愿景持续影响着全球各地的社会和文化。在这段名为《我有一个梦想》的演说中，金不仅向我们展示了一个充满希望的未来，还告诉我们如何参与其中，让这个梦想成真。

　　这是一次卓越的公开演讲。金借鉴了他作为浸信会教堂牧师的经验，运用首语重复法——在演讲中反复使用相同的短语或句子，以强化和突出重点——达成了极致的效果。他提到了《解放黑人奴隶宣言》，用 4 句以 "100 年后的今天"（"one hundred years later"）开头的话正式开启了他的演讲。接着有 2 句话以 "我们不相信"（"we refuse to believe"）开头，4 句话以 "现在是时候"（"now is the time"）开头，7 句话以 "我们绝不会满足"（"we can never be satisfied" "we cannot be satisfied" "we are not satisfied, and we will not be satisfied"）开头。为了鼓励听众回到各地采取行动，他随后连讲 6 个 "让我们回到"（"go back"）。紧接着是那 8 句令我们心潮澎湃的句子，它们都以 "我梦想有一天"（"I have a dream"）开头。随后的 3 句话以 "有了这个信念"（"with this faith"）开头。结尾的 8 句话以 "让自由之声从……响起来"（"let freedom ring from"）开头，这一呼唤不断地激励着我们行动。

　　他巧妙地使用了隐喻和对比，让他的观点更加生动有力。他开篇的 "100 年前"，便是对林肯葛底斯堡演说的巧妙致敬。他在演讲中表示，（这项法令的到来）"恰似结束漫漫长夜禁锢的欢畅黎明"，他渴望着 "压迫成风的地方也将变成自由和正义的绿洲"。他用这些鲜明的对比，突出了种族关系的现实与理想之间的巨大鸿沟。

　　此外，金非常出色地呈现了他的演讲——他的男中音悠扬婉转、抑扬顿挫，以强调某些词句。

他的演讲有着一种音乐般的魅力。

这次演讲之所以震撼人心，不仅仅在于其遣词造句的精彩，更在于它与金的真实人格相契合。事实上，他已经赢得了发表这次演讲的权利——1955年，在罗莎·帕克斯（Rosa Parks）因为拒绝让座而被捕后，他参与了亚拉巴马州的蒙哥马利巴士抵制运动；1957年，他创立了南方基督教领袖会议，成为民权运动的重要领导者；1960年，他因为在亚特兰大一家实行种族隔离政策的餐厅抗议而被捕；1962年，他在乔治亚州奥尔巴尼的抗议活动中再次被捕；1963年，他在亚拉巴马州伯明翰被捕入狱11天，同年晚些时候，他率领12.5万人在底特律进行反种族歧视游行。在这一切的背后，他始终坚持非暴力而坚决的抗争。

这次演讲虽然有着深厚的历史渊源，但是它的诞生却并非一帆风顺。金原本只打算讲4分钟，最终却讲了16分钟。他的声音几乎无法传到所有听众的耳朵里，因为公共广播系统被人蓄意破坏。演讲中的"我梦想有一天"部分出自他的临场发挥。他以前曾经说过类似的话，但是他的演讲稿中并没有出现这一部分。就在他的演讲进行了一段时间时，歌手兼活动家马哈丽亚·杰克逊（Mahalia Jackson）高呼"告诉他们你的梦想，马丁！"，金随即应声。此后，他的演讲成为公认的历史经典。

毫无疑问，《我有一个梦想》演讲是一个水平极高的典范，可用于评估你是否有能力在组织中构建并传播文化变革故事。这次演讲之所以能够深入人心，是因为它具有以下特点：源于真实的经历，呈现形式完美，与过去决裂，同时描绘出一条通向未来的道路，触动了我们的理智和情感，而且颇具戏剧性。如果想要变革组织文化，你的故事也必须具备上述特点。如果你能够构建出这样的故事，它们就会在你的组织中广为流传——形成故事的连锁反应，从而改变组织文化。

你是否愿意在公司中构建并传播文化变革故事呢？

第 9 章

让文化变革经久不衰

　　故事构建是文化变革的起点，也是文化变革的核心。通过引发故事的连锁反应，你可以让员工共同参与新文化的塑造，从而扩大文化变革的影响。引发故事的连锁反应意味着构建的文化不仅属于你自己，也属于你所在的组织。

　　然而，要让文化变革持续下去，只构建故事是不够的，甚至只依靠故事的连锁反应也是不够的。你可能还需要调整组织中的政策和惯例，让它们与你想要建立的文化相协调。

　　要让文化变革持续下去，你需要让组织中的政策和惯例与你想要建立的文化保持一致。否则，组织中的现有政策和惯例会不停地削弱甚或摧毁你想要塑造的新文化。这样一来，员工就会对组织的前进方向感到迷茫——你到底是要推行一种新文化，还是要坚持那些与新文化有冲突的政策和惯例？更糟糕的是，一些员工可能会借助与你的文化变革努力背道而驰的现有政策和惯例，来为他们的反对行为寻找借口。如果你执行的一些政策和惯例显然与新文化不符，员工又怎会真心支持文化变革呢？

过去的政策和惯例为何常与新文化不协调

当然，并非所有的当前的政策和惯例都与你想要建立的文化有冲突。但是，存在这样的冲突并不罕见。这是因为过去的政策和惯例是为了契合旧文化而制定的，它们很可能与新文化不协调。如果组织的旧文化和新文化有着本质的区别，这种不协调将更加显著。

举例来说，如果组织的旧文化倾向于个人贡献而非团队协作，那么员工评估和薪酬设定就可能偏重于个人业绩而忽视团队表现。如果组织的旧文化在招聘新员工时只看重专业技能而不考虑跨职能协作能力，那么组织的招聘政策就可能只注重招聘最优秀的工程师、最认真的会计师、最具创意的营销人员，而不考虑招聘能够跨职能协作来执行企业战略的人才。如果组织的旧文化更看重计划的执行效率而不是创造性地制订计划，那么组织当前的政策和惯例就可能只关注管理层的执行力而忽略管理层的创造力。

这些政策或惯例本身并没有问题，它们只是在与新文化有冲突时才会造成问题。所以，如果要建立的新文化注重团队协作、跨职能协作和创造力，而组织当前的政策和惯例与这些理念不符，你就应该调整这些政策和惯例。

你应该调整哪些政策和惯例

即便是规模相对较小的组织，也存在上百项政策和惯例。规模较大的组织可能发布上百页的手册，列出相应的政策和惯例。在这些政策和惯例里，哪些最需要进行调整，从而与新文化相协调？

当在组织中推行新文化时，你可能需要调整各种政策，但是我们的研究显示，最需要调整的是人力资源政策——涉及员工的招聘、培训、评估、薪酬设定和解雇。人力资源政策是你想要建立的新文化的价值观和规范的体现。

这些价值观和规范本身可能比较抽象和理论化，这也解释了为何单纯地在组织内部贴出新的价值观清单是一种低效的文化变革的方法。但是，如果能够用故事来展示这些价值观和规范，它们就会变得更加具体和生动；如果能够在组织内部引发故事的连锁反应，用故事来传播你想要建立的新文化，它们就会变得更加深刻、有力。

这些价值观和规范会影响员工的招聘、培训、评估、薪酬设定和解雇的惯例，从而让员工切身感受到它们的影响。团队合作是抽象的字眼，直到组织开始考核员工的团队贡献；跨职能协作是抽象的概念，直到员工接受培训，学习如何进行跨职能协作；创造力也是抽象的字眼，直到一些员工因为他们的创造力而得到升职。

员工招聘

要想让文化变革经久不衰，你就不能在招聘时只关注对方是否有能力胜任工作，还需要考察他们的价值观是否和你期望塑造的新文化契合。

当然，企业招聘员工，一向是以员工的业务能力为标准。多年前，顶尖的人力资源从业者便精通了如何确定一项工作所需的业务能力，以及如何评估候选人是否具备这些能力。事实上，人力资源团队越是出色，他们越是能在这种以能力为本的招聘模式中取得成果。[1]

然而，根据候选人的价值观与你期望塑造的文化之间的契合程度来招聘员工，可能是组织未曾经历的新挑战。当然，这并不意味着候选人的能力对招聘决策而言无关紧要，相反，候选人在推动新文化实现方面的能力同样至关重要。

人力资源经理可能会有这样一个合理的疑问：他们该如何衡量和评估候

选人的价值观？这个问题很好，但也很难有确切的答案，因为各企业都有自己想要建立的组织文化，这就意味着需要利用不同的标准来衡量和评估候选人的价值观。我们了解到，有些企业会通过案例分析和模拟试验来检验候选人的价值观和企业新文化的匹配程度。我们也知道，有些企业基于心理学研究确定了与其组织文化核心价值观契合的人格类型，它们会依此衡量和评估候选人的价值观。[2]

无论人力资源部门如何衡量和评估候选人的价值观，并将其与你们想要打造的组织文化联系起来，有一个核心原则可供遵循：在招聘时，技术与职能方面的能力固然重要，但想要改变组织文化，你们也必须考虑候选人的价值观是否与你们想要塑造的文化相契合。

在这种情况下，我们不禁要问：如果我们按照价值观来招聘，岂不是只会招聘到和我们类似的员工？那么，如何保证员工的多样性呢？其实，招聘那些与我们期待的文化价值观相契合的员工，就是为了吸引那些能够体现这种文化价值观的个体。这话听起来可能有些不太"正确"，但是在改变组织文化的过程中，极高的价值观多样性通常并不会产生积极效果。

举个例子，假如你想要通过文化价值观的构建来提高组织的透明度，但招聘的许多技术高超的员工却并不支持透明的原则，那么你的组织就会陷入一片混乱。这种混乱会影响变革组织文化的成效。

理想的情况当然是，招聘那些既有技术实力又与你想要塑造的文化价值观相契合的员工。但如果这样的员工根本不存在呢？你会在哪一方面让步——技术实力或是文化价值观？我们的研究发现，如果不得不做出这样的抉择，那些想要以文化为根本打造竞争优势的组织会优先放弃技术实力，而不是员工的文化价值观。也就是说，他们宁愿用"一单位"的技术实力换取"一单位"的文化契合度。

这样一来，他们就能创造出远超预期的经济价值。[3]

当然，采用这种方法需要注意，不要在招聘过程中无意识地忽视性别、种族或其他方面的多样性。找到那些与预期的新文化价值观相契合的员工，不应该成为组织员工缺乏多样性的理由。事实上，那些在表面乃至语言风格上与你相似的候选人，并不一定认同你的文化价值观。招聘政策和惯例需要超越这些表面的文化亲和性指标——深入了解候选人重视的价值观，以及这些价值观与你想要在组织中推行的文化之间的联系。

员工培训

我们的经验表明，企业依赖组织文化来实施战略的程度，与其培训工作的数量和性质之间存在着有趣的联系。通常来说，企业越是依靠组织文化来执行战略，它培训员工的力度就越大，并且这类培训会更加强调组织文化的导向性。

例如，在 20 世纪 80 年代，惠普凭借独树一帜且强劲的组织文化而名声大噪，这种文化在一本名为《惠普之道》（*The HP Way*）的小册子里有所阐述，而且成为企业培训的核心内容。[4] 多年来，强生一直努力以一种名为"信条"（The Credo）的价值观宣言为基础来塑造其组织文化。为了突出"信条"的重要性，强生的一些首席执行官走遍公司各处，和员工一同参与"信条"培训会，讨论"信条"以及它如何影响强生对员工的期望。[5] 在科氏工业集团（Koch Industries），企业培训的重点在于按照首席执行官查尔斯·科赫（Charles Koch）所提倡的组织价值观，把类市场机制引入企业的层级制组织结构中。[6]

当然，也许军队才是最关注价值导向培训的地方，部队成员完全依赖战友的能力和品格——例如海军海豹突击队和陆军游骑兵等部队——他们在训练中不惜付出任何代价来构造共同的文化。[7]

对于这项工作，我们可以得出下列结论：如果想要变革组织文化，你需要在员工培训中加入以文化为导向的内容。当然，让员工了解他们的医疗保健和其他方面的福利很重要。他们也应该清楚组织的架构和总体战略。但更重要的是，他们需要了解作为组织的一员，组织对他们有何期望。他们需要知晓你想要建立的组织文化的类型，以及他们在构建这一文化中能发挥什么作用。

实际上，培训内容也许还应该包括你和员工出于文化变革的目的而构建的若干故事。

员工评估

众所周知，每个组织都有评估员工绩效的政策和惯例。事实上，组织中几乎所有的员工——无论是首席执行官还是工厂的小时工——都会接受绩效评估。这些评估结果会用于调整员工的薪酬水平，决定员工的升降职甚至是去留。

话虽如此，管理者有时会忽略这一点：他们评估员工绩效的方法可以反映组织文化的诸多信息。你对员工绩效的评价，说明了你和你的组织在员工绩效方面的侧重点。如果评估的侧重点与你想要打造的组织文化不一致，几乎可以说，只有改变员工评估的政策和惯例，才能让你的文化变革努力经久不衰。

请回想一下，Telesp 的首席执行官马诺埃尔·阿莫里姆是如何通过改变员工评估制度来推动组织文化转型的？你还记得吗，这家巴西电信公司当时即将失去市场垄断地位，不得不面对激烈的市场竞争，而客户满意度成了决定胜负的关键因素。然而，Telesp 的所有方面（包括它评价员工的方法）都受到了一种铁腕文化——令行禁止，有些"一言堂"的味道——的影响，而这种文化正是它之前在受管控的市场中取得巨大成功的秘诀。

毫无疑问，马诺埃尔·阿莫里姆通过构建故事开启了他的文化变革之旅

（故事 1-1）。他还采取了一些措施，促成故事在公司内部发生连锁反应（故事 8-7）。但是，他还需要改变公司的人力资源政策，而这就要从员工评估做起。

❖ 故事 9-1

将客户满意度纳入员工评估

◎马诺埃尔·阿莫里姆，Telesp（Telefonica）的首席执行官

为了让员工评估制度与新文化相匹配，我们先采用了计分卡的方式，明确了各级员工应该达到的标准。计分卡的每一项都设定了清晰且可量化的目标。这也是公司历史上第一次把"客户满意度"列为所有员工计分卡的一项内容。

后来，我们推出了 360 度评估体系，让每位员工都能从自己的上司、下属、同事和重要客户那里获取反馈。这对于一个等级分明的组织来说，无疑是重大的突破，因为它让下属有了评价上司的机会。

一开始，360 度评估让人感到恐惧，我的几位直接下属也表示对此心存不安。于是我决定构建另一个故事：我自己先接受这种评估。当我拿到评估结果时——并非全是好评——我将我的直接下属、间接下属，甚至他们各自的间接下属叫到了一起。公司的礼堂挤满了人，近 1000 个座位几乎没空的。我向他们展示了我的 360 度评估结果——我做得出色的地方，我需要改进的地方，以及我未来的改进计划。

听到这些，大家都惊呆了："居然让公司里的其他人来评价首席执行官？"但他们很快就明白了这一员工评估制度的好处。这次会议结束后，这个评估流程在组织内部迅速传播。当员工亲眼见证我也经历了这个流程，并且亲自参与其中时，他们的恐惧感大为减轻。短短几年，这种评估就成了公司内部所有员工都愿意去做的事。

为了建立他所倡导的客户服务导向型文化，马诺埃尔对 Telesp 的员工评估体系做出了两项重要的改革。一是让每个员工都要为客户满意度负责；二是采用 360 度评估的方式，让每个员工都感受到自己在新的 Telesp 中的价值——甚至最基层的员工也能对自己的上司进行评价。为了推动这两项改革的落实，马诺埃尔还公开分享了自己的 360 度评估结果，从而构建了一个故事。

为了更好地了解文化变革的进程，你可以修改当前用来评估管理人员绩效的指标，增加一些相关的指标。我们可以从以下几个例子中看到这一点：丹·伯顿在 Health Catalyst 应用了员工调查、360 度评估，并收集个别员工对文化变革的直接反馈（故事 3-5）；吉列的阿尔贝托·卡瓦略基于产品研发团队对实地观察客户使用产品的意愿来衡量团队对新产品创新过程的投入程度（故事 4-4）；杰里米·安德鲁斯将员工能否"毫无保留"地帮客户解决问题作为衡量员工对新文化的承诺的一种指标（故事 8-5）。

员工薪酬设定

改变员工评估的方式，自然会影响员工薪酬的设定。看看马诺埃尔是如何改革 Telesp 的薪酬制度的。

❖ 故事 9-2

奖励表现出众的员工

◎马诺埃尔·阿莫里姆，Telesp（Telefonica）的首席执行官

公司推行了新的员工评估体系，这使我们调整员工的薪酬制度成为可能。根据计分卡和 360 度评估的结果，公司的所有员工都需进行等级评定。我对我的副总裁做出了等级评定，各位副总裁对他们的总监做出了等级评

定，各位总监对他们的经理做出了等级评定，依次类推，直到每名员工都被置于强制分布曲线上。

除了我之外，等级评定是分组进行的。也就是说，所有的 50 名总监由 8 名副总裁做出等级评定，然后，这 50 名总监分成小组，对直接下属进行等级评定，依此类推。这些评定小组的成员在本质上都是具有多样性的。

每个小组都要达成一致，确定头部 20%、末尾 20% 以及中间 60% 的具体员工。这个过程充满了争论、分歧、合作和冲突解决。最终，每个人都得到了等级评定排名。

排名的结果很明显。没有人敢解雇头部 20% 的员工。如果有任何部门被撤销——这种事情已经发生过几次了——部门负责人或其上司必须在公司内部为这些优秀员工找到其他岗位。有趣的是，这些人才会引发其他部门的争夺。这说明大家都信任这种排名。

头部 20% 的员工还能拿到超出其最高额定薪金的奖金，而这些奖金来自末尾 20% 的员工。即使公司业绩再好，末尾 20% 的员工也拿不到奖金。

这种员工薪酬制度的变化有助于推动马诺埃尔建立客户服务导向型文化。

员工解雇

推行文化变革也意味着你可能需要解雇一些员工。这并非一件易事，因为有些员工在原有的组织文化中表现优异。但如果他们获得高绩效的方式与你想要塑造的新文化不契合，你或许还是需要让他们离开。

我们知道这样做可能有些不公平。毕竟，这些员工只是在按照原有的组织文化的要求行事。但是，你为了更好地执行新战略，改变了你的组织文化，也就改变了他们的游戏规则。这就像是他们本来报名参加了棒球比赛——而且已经很擅长这一运动——结果你却让他们去参加冰球比赛！

当然，这些员工会觉得自己被人欺骗、利用和操纵。从某种意义上说，他们的处境的确如此。或许有些员工当初就是因为喜欢原有的组织文化才来到你的公司，而如今，他们当初加入公司的动机正在消失。这就是典型的"诱骗销售"。你要理解他们的愤怒和沮丧，但不要让他们妨碍你的文化变革。当然，你可以和他们沟通，告诉他们你的目的和理由。你可以邀请他们共同塑造新的组织文化，也许有些员工一直默默期待着这一机会。有些员工会做出符合文化变革的业务决策，但有些员工可能会反对这种变化——无论明里暗里——并试图阻挠你的文化变革。你需要让后者离开公司。

用吉姆·柯林斯（Jim Collins）的话来说，文化变革往往会带来事关"上车"的问题。[8] 这个问题是如此重要，对组织及其未来有着决定性的影响。如果某管理人员不愿支持你的文化变革，他就不适合留在你的公司。

被解雇的员工，至少有一部分人，可能觉得这是一种解脱。如果原有的组织文化被新文化取代，那些完全融入了原有的组织文化的员工可能会感到极其不适应。他们可能会发现，随着新文化的推行，他们无法确定自己的定位和公司的发展方向，不懂得如何与同事协作。这些感受都是合理的。改变组织文化会影响人们工作的方方面面，让他们陷入迷茫和困惑。

社会学家称这种情况为"失范"——理想与现实相背离。文化变革常常会让员工陷入失范状态。其中一些员工可能能够改变自己，适应新文化，摆脱失范状态，但另一些员工却无法做到这一点。对于后者而言，离开公司或许是一件好事。我们在史蒂夫·杨的故事中看到了这一点，他在收购了一家公司后解雇了这家公司的前任经营者（故事 3-6）。

解雇一些员工不仅可能直接影响你变革组织文化的努力，也可能助你构建极其有影响力的文化变革故事。举个例子，如果公司有一位高管强烈反对你的文化变革计划，那么解雇他就会向全公司传递一个清晰的信号，显示你推行新文化的坚定决心。如果这位高管在其他方面是很优秀的，那么这个信号就更加清晰了。

我们曾经向一位高管请教,在变革美国一家著名零售连锁商店的文化的过程中,他曾经犯过何种错误。他的回答让我们震惊:"我本该立马解雇五六个直接下属。在我上任的第一天,我就知道他们会阻碍我们的文化变革。但我拖了一年才解雇他们,这让我们在达成文化变革的目标上拖延了一年。"

何时让你的组织与新文化保持一致

经济学家有句话说得好:"激励有效。"这意味着,作为一名领导者,如果你想改变员工的行为,就要改变员工的绩效评估和奖惩方式。如果你提倡合作,就要量化和奖励合作行为。如果你想要培养员工的专业素养,就要量化和奖励专业素养。如果你想要更多的创新,就要量化和奖励创新行为。

用第 2 章的话来说,这是一种自上而下的变革管理方式,在经济上具有合理性。你也许会想,这种方法或许适合各种组织变革。

但是,它并不适合变革组织文化。

正如我们在第 2 章提到的,组织文化具有多种特征,这些特征的存在意味着,无论单独采用哪种变革管理方法——是自上而下的还是自下而上的,是重视个人情感的还是重视理性和经济性的,抑或是系统性的方法——都难以成功地变革组织文化。在第 2 章,我们建议采用一种折中的方法——多元化的变革管理方法。

改变员工的绩效评估和奖惩方式,可能会改变组织文化的一个方面,但不会是全部。尤其是,如果你想通过改变人力资源政策和惯例来实现文化变革,你几乎注定会失败。只有当员工理解文化变革的必要性和本质,见识到你的坚定决心时,他们才可能参与到创建新文化的过程中。如果员工不参与文化变革,仅仅改变政策和惯例,文化变革难以持续。

　　你构建了以自己为主角的真实故事，这些故事标志着与过去决裂，描绘出一条通向未来的道路，触动了员工的理智和情感，充满戏剧性效果，且在组织内部引发了故事的连锁反应，此时，变革组织人力资源政策和惯例的时机才真正成熟。毕竟，你调整人力资源政策和惯例旨在让员工与你想要塑造的文化相契合，而你只有在启动文化变革的过程中和员工一同构建新文化，才能让他们明确你想要的文化是什么样的。

　　当然，这并不意味着在组织的政策和惯例与新文化保持一致之前，你必须完成文化变革。事实上，这种对一致性的追求本身就能反映你对文化变革的决心。而且，正如我们在 Telesp 的马诺埃尔身上所见，这种一致性的建立过程也能催生新的文化变革故事。请记住，文化变革源于故事构建，在故事发生连锁反应的过程中不断发展。只有当组织的政策和惯例在调整中契合了新文化时，文化变革才能真正地经久不衰。

结　论

　　至此，我们对文化变革的介绍就告一段落。当你作为领导者，意识到组织战略与组织文化之间存在不协调的地方时，文化变革的过程便开启了。组织战略是什么？它们将如何演变？这些都需要你去关注。当你根据本书描述的属性去构建一个或多个文化变革故事时，文化变革的过程就在继续。当你和员工构建的故事在组织内部广泛传播时，你的变革努力就开始结果了。伴随着故事的连锁反应，你与员工一同构建新的组织文化。然后，在某个时刻，你需要分析当前的组织政策和惯例是否与这种新文化一致。如果情况并非如此，你必须对这些政策和惯例进行相应的变革，确保文化变革经久不衰。

　　这就是文化变革的过程。我们将在下一章讨论如何尽快地开始这一过程。

第 10 章

如何构建自己的文化变革故事

现在，你打算变革你的组织文化。

你之所以有这样的想法，可能是因为你已经意识到你需要调整组织战略——也就是说，你的组织需要采取措施来获得竞争优势。你可能也发现了你想要执行的新战略与当前的组织文化不匹配。在忽略这种不一致还是变革组织文化之间，你选择了后者。

本书的研究表明，变革组织文化的第一步通常在于构建新故事，替代原有文化中存在已久的故事。事实上，本书详细介绍了其他领导者为了启动各自的文化变革而构建的故事以及这些故事的特点。

那么，你该如何利用这些内容，在组织中构建自己的故事呢？

我们当然无法告诉你该如何具体地构建故事进行组织的文化变革——这些故事必须真实地体现你的领导者身份，并与你的组织及其所面临的商业挑战高度匹配。但是，我们的研究确实能为你构建自己的文化变革故事提供一些重要的启示。我们将这些启示总结成一系列问题（见表 10-1）。

表　10-1

实践指南：构建自己的文化变革故事
1. 文化变革故事从何而来
2. 如果待构建的故事不符合你的价值观，该怎么办呢
3. 有必要在每个文化变革故事中都扮演主角吗
4. 如何判断你所构建的故事是否真正地与过去决裂了
5. 如何判断你的故事是否暗含通向未来的道路
6. 如何判断你的故事是否触动了员工的理智
7. 如何构建一个能够触动员工情感的故事
8. 文化变革故事的戏剧性元素从何而来
9. 如何让他人构建自己的故事

文化变革故事从何而来

有人认为，所有的写作都带有自传性色彩。[1]对于你构建的文化变革故事而言，情况确实应该如此。这些故事应该源于你身为领导者的一些经历——通常涉及组织文化与你想要执行的战略存在不一致的某些方面。因此，这些故事不应是空穴来风，而应建立在你和你的团队的共同经历这一基础之上。

事实上，在故事构建的素材搜集阶段，常常会出现一些出人意料的事件——一场意外、一次失败、一次错误，或者一种有趣的经历，它们都可以作为精妙叙事的开端，最终演变成文化变革故事。

例如，马诺埃尔·阿莫里姆，他经历了一次产品服务的失败（故事 1-1）；迈克尔·舒茨勒，他在墙上贴出了他心仪的价值观清单（故事 4-2）；阿尔贝托·卡瓦略，他与发展中国家的消费者相隔甚远（故事 4-4）；梅勒妮·海丽，她没有足够重视消费者的满意度（故事 5-2）；杰夫·罗德克，他们第 4 季度的收入和盈利远低于预期（故事 7-1）。所有这些领导者，以及本书提及的其他人，都在他们对组织的期望与实际情况不相符时找到了构建故事的基本素材。

所以，文化变革故事从何而来呢？答案是，它们来自你在组织中的真实经历。每当你发现组织没有按照战略规划行事时，你就有了文化变革故事的构建素材。

随着文化变革过程的展开，你可以利用文化变革所带来的成果去构建更多的文化变革故事。这些故事会巩固你在文化变革方面取得的成果，并加强这些成果对于绩效改进的作用。在文化变革的初期，你通常会从商业挫折而非商业成就中，找到构建故事的素材。但这只是构建故事的起点。在此基础上，你的任务是构建具备本书所述属性的故事。虽然你可能无法掌控故事开头的一些意外情况，但你对故事的最终呈现形式却有着很大的影响力。

我们了解到，有些领导者一旦发现了构建文化变革故事的素材，就会草拟他们想要构建的故事大纲。他们会确保自己的故事具备所有的好故事具有的基本元素——背景、人物、情节、冲突和冲突的解决。然后，他们修改大纲，让故事更能体现本书所述的理想的文化变革故事具有的六大属性。只要故事规划的过程不损害故事的真实性，它就可以帮助你构建有效的文化变革故事。

组织中的意外事件可让故事的开头更加真实。构建的故事要具备本书所述的故事特征，这样才能让故事更有说服力。

我们发现，在搜集文化变革故事构建素材的过程中，一些领导者每周都会花时间记录他们在过去一周的工作中经历的所有失误、惊喜和误判。这就是所谓的"商业日志"。这些经历中，有些可能只是源于沟通不畅或能力不足，有些则反映了领导者品位和判断力的偏差，有些可能揭示了影响领导者工作进度的文化价值观。如果你也有这样的经历，你或许可以抓住其中一次失误，作为构建文化变革故事的素材。

如果待构建的故事不符合你的价值观，该怎么办呢

文化变革受到两方面的限制。一方面，你想要创建的组织文化必须与你执行的组织战略相符。否则，新的组织文化就不能帮助你执行新的组织战略，也无法帮助你获得竞争优势。

另一方面，你想要创建的组织文化必须与你的个人价值观一致。否则，组织中的成员就不会相信你真的致力于文化变革，而这样的变革也就无法实现。

不幸的是，执行新的组织战略所需的组织文化与你的个人价值观保持一致的可能性并不大。事实上，正如第 3 章所述，你可能最初受到原有的组织文化的吸引而加入这一组织，后来才发现新的组织战略的执行需要创建一种不同的组织文化，而你对这种文化并不适应。

在这种情况下，你只有两种选择：改变你的个人价值观，或者退出文化变革的过程。

这两种选择都不太具有吸引力。在第一种选择中，你需要深刻地改变自己，进行内省，转变自己长期坚持的信念。当然，如果你把这些努力与员工分享，它们其实可以成为文化变革故事的重要素材。然而，对这类个人变革所带来的情感挑战而言，这一补偿实在是微不足道。[2]

有多种方式可以退出文化变革的过程——你可以转岗到组织中文化变革较少的部门；你可以在当前的部门中担任远离文化变革的职务；你甚至可以离开公司，寻找更加契合你的个人价值观的公司。

如果你选择留在组织中但退出文化变革的过程，这无异于将自己排除在公司内部最具创新性和创造力的群体之外。在这种情况下，你只能袖手旁观，看着自己的组织选择并推行新战略和新文化。如果你离开这个组织，加入另一家公司，可能发现对方也正处于文化变革的阶段。

如上所言，文化变革过程中的"真实性"限制也可能意味着你不适合领导文化变革。领导文化变革需要你拥有极强的自律性和个人勇气，这样你才能做出相关的判断，并采取必要的行动，让你的组织能够通过文化变革来执行新的组织战略。

有必要在每个文化变革故事中都扮演主角吗

我们的研究显示，对于领导者而言，在自己构建的文化变革故事中担任主角具有非常重要的意义。但是，这些领导者也需要鼓励员工构建自己的故事，让组织中的每个人都参与到文化变革的过程中。这说明，领导者不必在所有的故事中扮演主角。事实上，如果领导者在太多的故事中扮演主角，这些故事可能看上去更像领导者的表演，而不涉及文化变革。这种情况是有可能存在的。

事实上，当你在一两个故事中成为主角后，你就可以帮助组织中的其他成员构建以他们自己为主角的文化变革故事，你可以在这方面发挥重要的作用。这种幕后的工作对文化变革的成功至关重要。

每隔几年，美国电影艺术与科学学院理事会就会向"制作出多部高质量电影的制片人"颁发欧文·G.托尔伯格纪念奖（Irving G. Thalberg Memorial Award），表彰其"一贯的高水准电影制作"。那么，欧文·G.托尔伯格是谁呢？³

在一个极其重视"自编自演"的行业里，托尔伯格从未主演过任何电影，也没有演唱过任何歌曲或表演过任何舞蹈。作为一位制片人，他于20世纪二三十年代在米高梅（MGM）集结了各路人才，制作了一些史上最受欢迎的电影，包括《巴黎圣母院》（*The Hunchback of Notre Dame*，1923年）、《宾虚》（*Ben-Hur*，1925年）、《舐犊情深》（*The Champ*，1931年）、

《人猿泰山》（*Tarzan the Ape Man*，1932 年）、《叛舰喋血记》（*Mutiny on the Bounty*，1935 年）、《罗密欧与朱丽叶》（*Romeo and Juliet*，1936 年）、《茶花女》（*Camille*，1936 年）和《大地》（*The Good Earth*，1937 年）。托尔伯格曾12 次获得奥斯卡最佳影片奖提名，其中 2 次获奖。他还以培养了众多的著名演员而闻名，如朗·钱尼（Lon Chaney）、葛丽泰·嘉宝（Greta Garbo）、莱昂纳尔·巴里摩尔（Lionel Barrymore）、琼·克劳馥（Joan Crawford）、克拉克·盖博（Clark Gable）、珍·哈露（Jean Harlow）和斯宾塞·屈塞（Spencer Tracy）。欧文·G. 托尔伯格纪念奖的获得者包括大卫·O. 塞尔兹尼克（David O. Selznick）、沃尔特·迪士尼（Walt Disney）、塞西尔·B. 戴米尔（Cecil B. DeMille）、阿尔弗雷德·希区柯克（Alfred Hitchcock）、英格玛·伯格曼（Ingmar Bergman）、史蒂文·斯皮尔伯格（Steven Spielberg）、乔治·卢卡斯（George Lucas）、克林特·伊斯特伍德（Clint Eastwood）和凯瑟琳·肯尼迪（Kathleen Kennedy，卢卡斯影业总裁）。

托尔伯格从未在自己的电影中扮演主角，但他却懂得如何让他人在自己的电影中发出耀眼的光芒！

所以，当你在若干文化变革故事中扮演了主角之后，你就可以像托尔伯格一样，帮助别人构建以他们自己为主角的文化变革故事。其实，你可以在组织内部，按照不同的层级，找出一些善于构建并传播文化变革故事的管理者。等到时机成熟时，你可以邀请他们构建自己的故事，从而使他们参与到文化变革的过程中。这就是第 8 章所说的故事"播种"的一个例子。

如何判断你所构建的故事是否真正地与过去决裂了

要判断你所构建的故事是否真正地与过去决裂了，你需要了解组织的原有文化，以及你的故事如何帮助构建一个与原有文化迥异的新文化。

我们了解到，为了探究这些原有文化，一些组织投入了大量的时间和金钱。它们访谈了数百名员工，发放了数千份问卷，并对所有数据进行了严格的定性和定量分析，以确定组织文化的三四个核心价值观。[4]

我们认为，这种努力可以让你了解组织的原有文化。但是，根据我们的经验，要推动文化变革，通常只需要一个简单的试验，你就能发现原有文化的部分价值观，以及你想要构建的故事是否与原有文化真正地决裂了。

试试这个试验：把你想要构建的故事分享给了解组织原有文化的老员工，观察对方的反应。他们是否感到困惑？是否有任何怒意？是否对此嗤之以鼻？是否认为你的故事只会带来麻烦？是否列出诸多的理由来说明你的故事不会达到预期的效果？是否对你的故事创意感到紧张不安？

如果你发现他们有上述反应，那么你可能正在构建一个与过去决裂的故事。对于文化变革故事，那些受组织原有文化影响的员工一开始往往表现得较为消极。所以，这些反应可以说明，你想要构建的故事表现出了与组织原有文化的决裂。

当然，你不应该忽略这些消极的反应。你可以揣摩并预判组织内部可能出现的文化变革阻碍。但是，老员工对构建中的文化变革故事做出消极反应，并不一定意味着文化变革不该发生。相反，这些反应往往反映了文化变革的必要性。

而如果你没有看到上述反应，那么你可能还没有找到一个具有推动文化变革潜力的故事。或者，你的老员工十分擅长隐藏自己的情感！[5]

如何判断你的故事是否暗含通向未来的道路

通过与过去决裂，你的故事自然而然地勾勒出了组织在未来的一些文化愿景。或许愿景只是"不同于过往文化的未来文化"，或许愿景可以更加具体——"未来的文化将致力于满足客户的需求"或者"开发创新的产品"。

无论你的文化愿景有多具体，重点在于不要过分细化未来的文化。你的任务是向组织中的员工指明文化方向——我们要更关注客户的需求，我们要更加勇于承担创新失败的风险，我们倡导程度更深的谦逊和透明——然后激励他们按照这个方向为自己所在的组织部门"填充文化细节"。

举个例子，Telesp 要建立一种客户服务导向型文化，而这样的文化会弱化组织内部的等级制度，提倡部门之间的协作。在经历了一次失败的客户服务体验后，首席执行官邀请呼叫中心的一位员工向高管团队讲述如何解决客户的问题，为这种文化变革指明了方向（故事 1-1）。通过在公司内部引发故事的连锁反应，Telesp 的数千名员工将"以客户服务为中心，弱化等级制度，提倡部门协作"的理念落实到了他们所在的组织层面（故事 8-7）。

在这种情况下，领导者可以预见新文化所带来的需求。他甚至可以设想出这种文化中重要的价值观和规范。但是，他不知道这种新文化会如何在组织内部成形和变化。所以，全体员工要与领导者携手打造这种文化，各自在自己的职责范围内做出贡献。

过早地详细阐述组织未来的文化特征，不仅会导致文化变革的失败，还会增加在组织内部推行新文化的难度。

我们在描述组织文化的未来时，要恰到好处，不要过分限制未来的可能性。为此，我们可以进行下列测试。在构建你的第一批故事后，邀请组织内部不同部门中颇具影响力的若干员工和你一起探讨组织未来的文化。在进行介绍和说明之后，邀请每个人独立地描述自己认为在未来一段时间内——比如 18 个月——自己所在部门的文化将如何变化。他们的回答基于你已经构建的故事以及他们对组织当前文化的了解。

每个受邀者都必须独自完成这一测试。他们可以写下一段简短的描述，说明他们认为组织文化会如何变化。有些特别聪明的领导者曾经邀请员工绘制自己心目中的组织文化形象。

几分钟后，要求受邀者分享其对组织文化未来的看法。有些人可能认为组织文化不会改变——考虑到大多数文化变革项目的成功率很低，这是一种合理的预期。其他人对组织文化的未来可能有自己的想法，而这些想法可能与我们构建的故事有关，也可能无关。

评估上述看法。它们是否毫不相关？它们是否一模一样？这两种极端情况都不太好，因为前者表明你的故事构建尚未造成任何实际的影响，而后者表明这些故事的影响过大。这一测试的最佳结果是出现一种组合状况——这些文化愿景相互重叠，但也存在足够的多样性。这表明还有空间让这些人参与组织文化的塑造过程。

基于测试结果，你或许可以使组织成员就组织文化的未来达成共识。毕竟，你已经构建了一系列故事，你对期望的未来会有一些初步的认识。同时，你可以借此机会，邀请员工构建自己的文化变革故事。

无论如何，这次经历会让你思考：你是否为组织文化的未来铺设了一条道路，且没有过分限定这条道路的模样？

如何判断你的故事是否触动了员工的理智

文化变革如果无法解决实际的商业难题，就无法触动员工的理智。也就是说，它不能激活员工的理性和追求利益的动机。这样的文化变革很可能会被视为领导者的"自我膨胀"和按照自己的意愿塑造组织的"借口"。

你需要将文化变革故事与组织战略紧密结合才能避免这样的问题。实际上，如果你无法说明战略变革和文化变革之间的直接联系，那么开启文化变革旅程的时机可能还未成熟。如果你能建立这种联系，你就能给组织内众多的员工一个理智的、利己的动机，让他们与你携手推动文化变革。因为此举能够提升组织的业绩，并为员工带来新的机遇。

为了判断你即将构建的故事能否触动员工的理智，回想一下我们之前提到的试验，那些老员工是组织原有文化的典型代表。你需要逐个向他们说明，组织的原有战略在未来已经无以为继，并解释其中的原因。然后向他们介绍你的新战略，以及为了实现这些战略，需要在组织中推行何种文化。

当这些老员工从最初的恐惧、困惑、愤怒、茫然等情绪中走出，逐渐转变为谨慎的乐观时，你便构建了能够触动员工理智的故事。[6]

如何构建一个能够触动员工情感的故事

触动员工的心灵和头脑，在文化变革中同样重要。心灵代表了一个人的情感，而头脑代表了一个人的理智。然而，这两种思维方式分属大脑的不同区域，构建一个能同时触动理智和情感的故事可能颇具挑战性。[7]大脑中负责情感思维的区域可能已经准备好投入到一场深刻的文化变革之中，但负责理性思维的区域可能会提出质疑："慢着，情感。这场文化变革对我意味着什么？"

构建一个既符合利润最大化的理性思维又能触动员工情感的故事，是一项挑战。虽然我们在心理学和营销学领域（仅以这两个领域为例）进行了大量研究，探讨如何影响人们用情感思维取代理性思维——"我非买那辆车不可！"，但文化变革不是让人们用情感替代理智，或者在二者之间做出选择，而是要同时关注理智和情感。

触动员工的理智和情感，重要的一步在于用理性的论证说明文化变革的必要性，然后宣扬"更高层次"而非自私层面的动机，以此来支持——而不是否定——这个论证：

- "没错，新文化能让我们卖出更多的产品。而且，这样的收入增长也能让我们的员工充分发挥他们的领导潜力。"
- "没错，新文化不仅能促进更多的创新，也能给我们的客户和整个社会的生活带来好处。"
- "没错，新文化不仅能帮助我们降低成本，也能让我们以更低的价格销售产品，从而惠及客户。"

这些陈述在逻辑上是一致的，而且它们还有一个额外的优点：它们是真实的。

如果你已经为文化变革提出了理性的论证，那么该如何利用情绪感染力来加强这个论证呢？有许多事物能够激发情绪感染力。你可以在 YouTube 上看到，最佳的做法是将文化变革和"幼儿"福利联系起来——包括人类的婴孩，甚至是猫、狗、熊猫的幼崽。但这种自以为巧妙的做法与我们在本章和第 3 章中强调的文化变革的真实性相悖。

你在文化变革中加入的任何情绪感染力，不仅要与你对文化变革的理性论证相呼应，也要反映你真心关切的事情。从这个角度看，触动员工的情感，就像文化变革的其他方面一样，是一种自我表达的过程。

当你想要触动员工的情感，让他们参与文化变革时，想想什么能触动你的心弦。正如林肯所说，你的本性中有哪些"善良的天使"？只有把文化变革的动机和理性逻辑结合起来，你才能同时触动员工的理智和情感。

文化变革故事的戏剧性元素从何而来

本书介绍的大多数具有戏剧性的文化变革故事有一个共同之处：它们都利用了已经安排好的会议，将戏剧性元素带入文化变革的管理过程中。例如，马诺埃尔·阿莫里姆在预先安排的高管会议上，邀请呼叫中心的员工上台发言（故事 1-1）；丹·伯顿在预先安排的全体会议上，公开展示了他的 360 度评估结果（故事 3-5）；丹尼斯·罗宾逊在预先安排的团队会议上，向高管传达了不能迟到的要求（故事 5-1）；迈克·斯塔菲耶里讲述了 DaVita 如何通过大型会议和培训会议的毕业典礼改变组织文化（故事 5-6 和 7-6）；杰夫·罗德克在"庆功"晚宴上，把谦逊的价值观融入了他的组织文化（故事 7-1）。

组织内部有许多预先安排的会议。说实话，这些会议大部分都没什么意义，很多会议信息完全可以通过电子邮件沟通。但是，如果能把这些会议变成戏剧性事件发生的场合，从而突出文化变革的必要性，那么这些会议就会让人印象深刻。而且，这样的会议是无法被电子邮件取代的。

要在预先安排的会议中加入戏剧性元素，你需要遵守会议纪律，并发挥一定的创造力。当然，这样的会议伴随着学习的过程。我们采访的一些领导者表示，他们在一开始只是在一年中的某次会议上尝试了一下戏剧性效果——看看自己能否做到这一点。通常，这种尝试会引发更多的尝试。

我们还发现，如果领导者不擅长在会议中加入戏剧性元素，他就会向组织中有创造力的员工寻求帮助。

当然，在会议中加入戏剧性元素可能会阻碍会议的展开。如果有时候，会议的焦点变成了戏剧性元素而非获得并保持竞争优势，那么你可能需要适当地减少一些戏剧性元素。但是，在那之前，你可能会发现，每年安排一两次会议，并在这些会议中用戏剧性的方式来促进组织的文化变革，是很有益处的。

如何让他人构建自己的故事

故事的连锁反应在文化变革中起着至关重要的作用。但如何才能让组织中的其他成员构建自己的故事呢？我们的研究显示，你可以采取三大措施。

首先，构建多个以自己为主角的文化变革故事。一个故事可能只是个例，两个故事更能展示你的文化变革决心，构建三个或更多的故事，你就成了大家的榜样。在榜样的带领下，组织上下的成员就会更愿意构建自己的故事。

其次，要求组织内的成员构建自己的故事。你需要向他们说明故事构建在文化变革中的重要性，和他们分享成功的文化变革故事的共同点。当然，你不能替他们构建故事，因为虚假的故事不会取得成效。但是，在你的指导下，成员可以学习如何构建出优秀的文化变革故事。

最后，赞扬组织内部构建的各种故事。你需要广泛地分享这些故事，强调这些故事对于推动文化变革的重要性。此外，你需要向构建文化变革故事的个人和团队提供奖金、晋升机会和奖品。

我们的研究表明，这些做法往往会在组织内部引发故事的连锁反应。

结　论

想要变革你的组织文化，你可以如此行事：先找出当前文化与组织获得成功所需的战略之间的差距，然后构建一些故事，展示新文化——那种有助于实施组织战略的文化——所提倡的价值观和规范。在构建这些故事之后（确保这些故事具备本书中提到的属性、特征），你需要激励组织内部产生故事的连锁反应。最后，在与员工携手推进新文化的过程中，确保组织运营的其他方面与这种新文化相协调。就这样，你的文化变革工作宣告成功，对吧？

当然，文化变革的实际过程并非如此简单、有序。毕竟，我们要改变的是组织的社会基础——那些潜移默化地影响员工行为的价值观和规范。正如

第 2 章所述，文化变革在本质上是一项艰巨的挑战——很少能一帆风顺，很少能合乎逻辑。

然而，我们的研究表明，文化变革是可行的。文化变革的秘诀在于构建一些故事，体现你想要塑造的文化。如果这些故事是真实的，以你这位领导者为主角，标志着与过去决裂，暗含通向未来的道路，触动了员工的理智和情感，具有戏剧性元素，并引发了故事的连锁反应，那么它们就可以用于推动文化变革。

我们几乎在每次采访中都听到了这样的表述——那些曾经历风雨和挫折的领导者纷纷告诉我们，变革组织文化是他们职业生涯中最值得，也是最让他们自豪的事情之一。

希望你在构建自己的故事时也能享受其中的乐趣。

文化变革的秘密

第 1 章：构建故事以改变组织文化

1. 本章开篇提出了一个观点：文化与战略相契合的组织，其绩效远胜于文化与战略相悖的组织。你能否举出一些实例呢？例如，有些组织的战略和文化高度契合，却依然业绩不佳；反之，有些组织的战略和文化相互冲突，却依然业绩不错。你要如何运用第 1 章的理论来分析这些实例呢？

2. 本书认为，对所有类型的组织（包括非营利组织和政府机构）而言，文化与战略的契合程度都至关重要。你对这一观点有何看法？请说明你的理由。

3. 对于战略和文化相互冲突的组织，本章提到了两种应对方案：除了改变组织文化以外，还可以改变组织战略或者选择对此视而不见。你觉得还有没有其他的解决方案？如果有，具体做法是什么？如果没有，请说明原因。

4. 你对约翰·科特的文化变革理论有何看法？请说明你的理由。

5. 本书的中心思想在于，要改变组织文化，就要改变组织成员共同塑造的关于组织价值观和规范的故事。你对这一观点持赞成还是反对的态度？

6. 讨论文化变革，推进你想要实现的文化变革，以及身体力行地参与文化变革，这三者之间有何区别？这些区别是否重要？

7. 故事构建和故事叙述之间有何区别？

8. 假设你是故事 1-1 中的呼叫中心接线员，马诺埃尔·阿莫里姆邀请你去公司高管会议上发表意见，你会怎样答复他？你会在什么样的情况下接受他的邀请？

9. 你是否认为存在一种完美的组织文化，值得所有的组织去效仿？如果存在，这种文化有哪些显著的特点？如果不存在，是什么原因导致的？

10. 你是否觉得故事构建与"道德判断"无关？请发表你的观点并说明理由。

11. 在安迪·托伊雷尔的故事（故事 1-2）中，一位员工偷了另一位员工的奶酪，你认为这个事实是如何演变成一位员工拿走休息室柜台上一盒零食中剩下的一个甜甜圈的？这两个故事之间有什么联系吗？你是怎么理解的？

12. 你所工作过的组织有没有一些"组织神话"？这些"神话"是怎样的，它们对组织是否重要？请谈谈你的看法。

第 2 章：为什么文化变革有所不同

1. 你是否记得，你所在的组织曾经采用自上而下的变革方式？这样做的结果如何？如果采用自下而上的变革方式，结果又会有什么不同呢？

2. 你是否记得，你所在的组织曾经采用基于逻辑和理性的变革管理方式？这样做的结果如何？如果变革管理方式转而关注个人和情感层面，结果又会有什么不同呢？

3. 如果将组织视为一个系统，其中的各个要素相互影响，你认为，这种系统性会促进还是延缓组织变革的实现呢？

4. 本书提出了一种多元化的变革管理思路。然而，不同的变革模型在管理变革的方法上可能存在冲突，你该如何处理这些冲突呢？比如，基于逻辑和理性的变革模型主张变革之所以难以推进，是因为组织成员不明白变革的必要性——只要他们明白了，变革就能顺利进行；重视个人和情感层面的变革模型则主张，即便组织成员理解了变革的必要性，他们对于变革的方案也可能持有不同的态度——在这种情境中，只是解释变革的必要性可能并不足以促成变革。

5. 如果一件事由所有人共同负责，那么就没有人会真正担起责任，这是为什么呢？

6. 假设一个组织的文化仅仅是一种"社会构建"，没有超越组织成员在现实世界中的思想和感受，那么我们能否管理并改变这样的文化呢？你的观点如何？

7. 从定义上来说，任何变革都会对组织的现状造成冲击。相比于其他类型的组织变革，你觉得文化变革是更具破坏性还是更容易被接受呢？

8. 大多数人为何对变革持有抵触的心态？你是否知晓一些乐于接受变革的人呢？

9. 当一系列见效快的文化变革措施取得了成效，它们会在什么情况下演变成更广泛的文化变革呢？又有哪些因素会阻碍这种演变呢？

10. 你会如何判断一位领导者是在"空谈"还是在真心推动文化变革呢？

11. 组织内的文化变革故事是否会在各个层面和部门之间传播开来？如果答案是肯定的，这一传播过程会遇到哪些困难呢？再者，如果故事在全组织的范围内广为人知，对于所有听说这个故事的员工而言，他们对故事的解读角度是否一致？为什么会出现这种情况？

第 3 章：构建真实的故事

1. 在个人和专业的层面，为什么构建真实的故事会有较大的风险？

2. 你是否有过类似于故事 3-1 中那位管理者的深刻体验？当时发生了什么？这件事对你的领导风格产生了什么样的影响？

3. 在故事 3-2 中，你认为迈克尔·舒茨勒为什么有勇气去承认自己的错误并重启会议？你是否也有这样的勇气？

4. 你是否认为领导者比被领导者更易受到外界评价的影响？请说明原因。

5. 斯特凡诺·雷托雷（故事 3-3）在第一次团队会议中分享了自己的成长经历及其对自己领导风格的影响，你对此有什么看法？在这样的会议氛围中，你会感到轻松愉快还是尴尬不自在？

6. 你最近一次受到领导者的不公平对待是什么时候？你是如何应对的？你是否曾经像故事 3-4 中的那位员工一样，勇敢地与你的领导者对峙？如果是，是出于什么原因？如果不是，最后的结果如何？

7. 你是否愿意与全体同事分享你的 360 度评估结果（故事 3-5）？为什么？

8. 你是否遇到过这样的领导者，他们意识到自己不适合当前的工作？他们是如何决定是否留在当前职位的？

9. 如果你面对史蒂夫·杨的处境（故事 3-6），被企业前任经营者用椅子袭击，你将如何应对？

第 4 章：做自己的故事的主角

1. 第 2 章提到，领导者需要保持开放的心态，与员工携手打造新的组织文化。否则，文化变革就可能变成领导者的"自我膨胀"。本章则强调，领导者要在自己的故事里扮演主角，可这似乎是领导者"自我膨胀"的表现。如何化解这一矛盾呢？

2. 在故事构建的过程中，历史案例、有趣的故事和鼓舞人心的案例是否没有任何作用？如果情况确实如此，原因是什么？如果情况并非如此，它们又将发挥何种作用？

3. 在故事 4-1 中，安妮特·弗里斯克普访问了新奥尔良和休斯敦，你觉得她对自己和公司业务有了什么新的认识？

4. 在故事 4-2 中，迈克尔·舒茨勒想用什么样的变革管理方式来塑造 Freeshop 的文化？他为什么没能成功？

5. 在故事 4-3 中，工厂经理承担了产品改良失败的责任，如果你是他的下属，你会有什么反应呢？你会佩服他的勇气，还是觉得他傻乎乎地替别人背了黑锅？

6. 在故事 4-4 中，吉列是一家著名而成功的公司，可是，为什么吉列的员工从未想过亲自前往发展中国家，探究一下他们的产品在当地不畅销的原因呢？

7. 如果你是故事 4-5 中的杰米·奥班宁，需要在面向全国的电视直播中推销护肤产品，可是你的眉骨却被撞得血肉模糊，你认为如何才能将这次危机转化为机遇呢？

第 5 章：与过去决裂的故事暗含通向未来的道路

1. 在一次会议中，你发现一位高管因为迟到而被锁在门外（故事 5-1），你会有何感受？

2. 在故事 5-2 中，梅勒妮·海丽邀请消费者将产品分为"满意"和"不满意"两类，你觉得这样做有必要吗？为什么？

3. 在故事 5-2 中，宝洁北美女性护理业务部门的目标是用女性卫生用品赋予女性力量。这个目标看起来很崇高，但是，为什么这个目标本身不足以改变这个部门的产品设计文化呢？

4. 在故事5-3中，小伊万·萨托里为了改变天纳克约克业务部的文化，做出了哪些努力？你觉得哪些措施最为重要？为什么它们能够改变组织文化呢？

5. 如果你是故事5-4中的迈克尔·斯佩格尔，两名员工找到你要求加薪，你该如何应对呢？迈克尔·斯佩格尔为什么敢于并且能够拒绝他们呢？

6. 为什么文化变革比降低成本要困难得多（故事5-5）？

7. 在文化变革中，象征性的意象——例如跨越桥梁（故事5-6）——为何至关重要？

第6章：在理智层面和情感层面构建故事

1. 在进行文化变革时，只关注理智层面或只关注情感层面，哪种做法更加不当呢？请说明理由。

2. 在故事6-1中，费尔南多·阿吉雷在文化变革中同时关注了理智层面和情感层面。你觉得这样做能有效地变革文化吗，还是会让员工感到困惑呢？

3. 在故事6-2中，玛丽斯·巴罗索想要改变公司的文化，她需要满足哪些条件？

4. 在故事6-3中，斯科特·罗宾逊负责变革与工会谈判的文化，可当时他只有23岁。他的年龄对于变革这种文化有什么不利之处？又有什么有利之处？

5. 有些公司，比如故事6-4中的DaVita，会把员工的福祉而非公司的利润放在首位。这种做法受到了一些人的批评。你是支持还是反对这种批评？请说明理由。

第 7 章：戏剧性故事的构建

1. 你是否遇到过这样的领导者，对方会像本章所述的那样，用具有戏剧性的方式行事？如果有，你对这位领导者的敬意发生了何种变化，是提高了、降低了还是保持不变？请说明理由。

2. 你觉得本章中的哪些故事能够最有效地改变一个组织的文化？请说明理由。

3. 你是否愿意打扮成史蒂芬·泰勒（故事 7-4）？请说明理由。

4. 要想用具有戏剧性的方式来变革文化，领导者一定得性格外向吗？如果答案是肯定的，那么性格外向是不是文化变革的必备条件？如果答案是否定的，那么性格内向的领导者如何才能掌握展现戏剧性的技巧呢？

第 8 章：让故事发生连锁反应

1. 对于文化变革，你认为哪种故事更加有效——"自然传播"的故事，还是由领导者在会议或网络上主动分享的故事？请说明理由。

2. 你如何判断自己分享文化变革故事的方式是否影响了故事的真实性？

3. 全体会议有时能够激发出一些有助于文化变革的口号，比如"停止把猪举高"（故事 8-1）。你觉得这是为什么？你可以采取哪些措施来增加这种情况的发生概率？

4. 皮特·皮萨罗与学生、教职员工会面时讲述了自己"白手起家"的故事，还让会面成为他宣传理想文化的有效载体（故事 8-2）。他是怎么做到的呢？

5. 你认为首席执行官直接向产品经理及相关负责人提供反馈是否合适（故事 8-3）？这是否会造成指挥链的混乱？

6. 你认为故事 8-4 中这位首席制造官花费约 50 个小时打电话的做法值得吗？

7. 你能否以更快的速度构建更多的故事？你如何判断自己是否拥有了这种能力？

8. 在让组织成员构建故事时，你如何确保他们的故事是真实的，而没有抄袭你的故事？

9. 在故事 8-5 中，Traeger 的销售副总裁第一个听说了罗伯"毫无保留"的服务，他兴奋地把这个故事转告给首席执行官。如果会计部门或财务部门的员工知道了这个故事，他们会有相同的反应吗？毕竟，Traeger 不太可能从罗伯"毫无保留"的做法中直接赚取收益。

10. 杰里米·安德鲁斯（故事 8-6）和马诺埃尔·阿莫里姆（故事 8-7）向构建文化变革故事的员工提供了奖励。这会如何影响这些故事的真实性，从而影响这些员工推动文化变革的努力？

第 9 章：让文化变革经久不衰

1. 既然原有的政策和惯例与原有的组织文化相契合，那么你为何不先从改变原有的政策和惯例开始，让它们与你想要塑造的组织文化相契合，而是先从构建故事开始呢？这样做难道不是在做无用功吗？

2. 你的人力资源部门成员有着多年的招聘经验，他们会根据候选人的业务能力做出选择。基于价值观的招聘是一种相对新颖的模式，为什么他们要放弃自己已经熟练掌握的以能力为本的招聘模式，而去尝试一种还不太完善的基于价值观的招聘模式呢？

3. 培训能否影响一个人的价值观？你对这个问题的看法能反映你如何看待平衡招聘和培训的关系吗？

4. 采用员工计分卡的优劣与其包含的指标有关（故事 9-1）。Telesp 的员工计分卡应该包括哪些涉及客户满意度的指标呢？

5. 马诺埃尔·阿莫里姆（故事9-1）不是我们所采访的唯一一位向组织全员公开自己360度评估结果的领导者（还有故事3-5中的丹·伯顿）。你是否愿意分享自己的360度评估结果？请说明理由。

6. 组织的薪酬制度会造就"赢家"和"输家"（故事9-2）。你觉得这对文化变革有利还是有害？

7. 如果你必须解雇那些不支持或反对文化变革的员工——即使他们在原有组织文化中表现出色，你会有何感想？如果你是被解雇的一方，你又会有何感想？这些感想对文化变革的推进有利还是有害？

第10章：如何构建自己的文化变革故事

1. 这本书为什么不能帮你撰写一份故事草稿，让你的组织文化开启变革呢？

2. 在文化变革的起始阶段，商业失败更容易成为文化变革故事的素材，而在文化变革的尾声，商业成功更容易成为这类故事的素材。为什么？

3. 你能否对文化变革故事进行无限制的规划呢？如果能，请说明理由。如果不能，请说明理由并列出相关的限制因素。

4. 记录你一周内所有的"商业经历"，然后回顾这份清单，找出那些可能成为文化变革故事构建素材的经历。

5. 如何区分这两类领导者——在幕后潜心构思文化变革故事的，对文化变革毫无作为的？

6. 组织越是花费时间和精力描绘现有的文化，就越难改变这一文化。你是否赞同这一说法？

7. 许多领导者习惯于严格控制组织变革的方方面面。如果你的领导者想要通过这一方法变革组织文化，你该如何说服他们放弃这种自讨苦吃的做法呢？

8. 花费几分钟的时间，用笔描绘出你所在的组织在 18 个月后的文化面貌。它会与当前的组织文化一脉相承，还是会在某些方面有所变化呢？

9. 在进行文化变革时，理性逻辑有哪些局限性？

10. 在进行文化变革时，情绪感染力有哪些局限性？

致 谢

如果没有众多领导者在这些年里与我们分享他们的文化变革经历，这本书就不可能完成。此外，我们要感谢巴尼教授的助理特蕾莎·菲施（Tresa Fish），她不仅记录了所有的访谈、故事并进行修订，而且始终保持幽默和耐心。

作者简介

杰伊·B.巴尼

杰伊是全球范围内文章引用率最高的战略管理学者之一。他的咨询工作通常侧重于通过文化变革来实施战略。他在耶鲁大学获得了博士学位，现任犹他大学首席教授和社会创业学教授（得到了皮埃尔·拉森德（Pierre Lassonde）的资助）。

马诺埃尔·阿莫里姆

马诺埃尔曾是四家大型企业的首席执行官，在六个国家的企业中任职董事会成员。他在文化变革方面的杰出成就得到了哈佛商学院的青睐，被收录进案例，而这激发了他写这本书的想法。他在哈佛商学院获得了MBA学位，现为杨百翰大学万豪商学院国家咨询委员会成员。

卡洛斯·胡里奥

卡洛斯身兼数职——商学院教授、企业演说家、全球高管、作家和董事会成员。他创办了HSM这家拉美最大的管理培训机构并曾担任首席执行官。他已经出版了九本管理学和领导力方面的著作，工作常常涉及协助组织推进文化变革。

第1章

1. 关于具有颠覆性的新兴技术的若干例子，参见克莱顿·克里斯坦森（Clayton Christensen）的《创新者的窘境》（*The Innovator's Dilemma*, Boston: Harvard Business Review Press, 1997）。

2. 关于全球经济发展部门演变的讨论，参见威廉·伊斯特利（William Easterly）的《白人的负担》（*The White Man's Burden*, New York: Penguin, 2006），以及 C. K. 普拉哈拉德（C. K. Prahalad）的《金字塔底层的财富》（*The Fortune at the Bottom of the Pyramid*, Philadelphia: Wharton, 2005）。

3. 参见：托马斯·彼得斯（Thomas Peters）和罗伯特·沃特曼（Robert Waterman Jr.）的《追求卓越：美国优秀企业的管理圣经》（*In Search of Excellence: Lessons from America's Best-Run Companies*, New York: Harper & Row, 1982）；吉姆·柯林斯（Jim Collins）和杰里·波勒斯（Jerry Porras）的《基业长青：企业永续经营的准则》（*Built to Last: Successful Habits of Visionary Companies*, New York: HarperCollins, 1994）；吉姆·柯林斯的《从优秀到卓越》（*Good to Great: Why Some Companies Make the Leap... and Others Don't*, New York: HarperCollins, 2001）。

4. 关于这一逻辑的探讨，参见杰伊·B.巴尼（Jay B. Barney）的《组织文化：能否成为可持续竞争优势的源泉？》（"Organizational Culture: Can It Be a Source of Sustained Competitive Advantage?" *Academy of Management Review* 11 (1986): 656-665）。关于创新战略的文化基础，参

见盖伦·钱德勒（Gaylen Chandler）、沙隆·凯勒（Chalon Keller）和道格拉斯·里昂（Douglas Lyon）的《揭示创新支持型组织文化的决定因素和影响》（"Unraveling the Determinants and Consequences of Innovation-Supportive Organizational Culture," *Entrepreneurship: Theory and Practice* 25, no. 1 (2000): 59-76）。关于产品质量战略，参见阿什温·斯里尼瓦桑（Ashwin Srinivasan）和布赖恩·库利（Bryan Kurey）的《打造质量文化》（"Creating a Culture of Quality," *Harvard Business Review*, April 2014, 23-25）。关于客户服务战略，参见本杰明·施耐德（Benjamin Schneider）、苏珊·怀特（Susan White）和米歇尔·保罗（Michelle Paul）的《服务氛围与客户对服务质量的感知之间的联系：一个因果模型的检验》（"Linking Service Climate and Customer Perceptions of Service Quality: Test of a Causal Model," *Journal of Applied Psychology* 83, no. 2 (1998): 150-163）。相关内容都有广泛的呈现。

5. 讽刺的是，事实往往并非如此。参见威廉·伊斯特利的《白人的负担》（New York: Penguin, 2006）。

6. 关于企业战略与竞争优势之间关系的讨论，参见杰伊·B.巴尼和威廉·赫斯特里（William Hesterly）的《战略管理与可持续竞争优势》（第6版）（*Strategic Management and Competitive Advantage*, 6th ed., New York: Pearson, 2019）。

7. 参见约翰·科特的《领导变革》（*Leading Change*, Boston: Harvard Business Review Press, 2012），第164～165页。

8. 参见：西沃恩·麦克海尔（Siobhan McHale）的《文化变革内幕指南：打造高效、成长性和适应性的工作场所》（*The Insider's Guide to Culture Change: Creating a Workplace That Delivers, Grows, and Adapts*, New York: HarperCollins Leadership, 2020）；迈克尔·富兰（Michael Fullan）的《引领文化变革》（第2版）（*Leading in a Culture Change*, 2nd ed., San Francisco: Jossey-Bass, 2020）；丹尼尔·丹尼森（Daniel Denison）等人的《引领全球组织的文化变革》（*Leading Culture Change in Global Organizations*, San Francisco: Jossey-Bass, 2012）；克里斯托弗·道森（Christopher Dawson）

的《引领文化变革：每位 CEO 需要知道的事情》（*Leading Culture Change*: *What Every CEO Needs to Know*, Stanford, CA: Stanford University Press, 2010）。

9. 第 2 章讨论了这些变革模型。

10. 参见：艾伦·威尔金斯（Alan Wilkins）的《培养企业品格：如何在不破坏组织的前提下成功实施变革》（*Developing Corporate Character*: *How to Successfully Change an Organization Without Destroying It*, San Francisco: Jossey-Bass, 1991）；艾伦·威尔金斯的《企业文化的形成：故事和人力资源系统的作用》（"The Creation of Company Cultures: The Role of Stories and Human Resource Systems," *Human Resource Management* 23, no. 1 (1984): 41-60）；特伦斯·迪尔（Terrence Deal）和艾伦·肯尼迪（Allan Kennedy）的《企业文化：企业生活中的礼仪与仪式》（*Corporate Cultures*: *The Rites and Rituals of Corporate Life*, Reading, MA: Addison-Wesley, 1982）。

11. 故事叙述的重要性在各类文献中都有讨论，例如：保罗·史密斯（Paul Smith）的《故事的魅力》（*Lead with a Story*, New York: American Management Association, 2012）；保罗·史密斯的《伟大领导者讲述的 10 个故事》（*The 10 Stories Great Leaders Tell*, Naperville, IL: Simple Truths, 2019）；瑞安·马修斯（Ryan Mathews）和沃茨·瓦克（Watts Wacker）的《你的故事是什么？用讲故事影响市场、受众和品牌》（*What's Your Story*? *Storytelling to Move Markets, Audiences, and Brands*, Upper Saddle River, NJ: FT Press, 2008）；克雷格·沃特曼（Craig Wortmann）的《你的故事是什么？用故事激发绩效和成功》（*What's Your Story*? *Using Stories to Ignite Performance and Be More Successful*, New York: Kaplan, 2006）；伊芙琳·克拉克（Evelyn Clark）的《围绕企业的篝火：伟大领导者如何用故事激励成功》（*Around the Corporate Campfire*: *How Great Leaders Use Stories to Inspire Success*, Sevierville, TN: Insight, 2004）；奇普·希思（Chip Heath）和丹·希思（Dan Heath）的《让创意更有黏性》（*Made to Stick*, London: Penguin, 2007）；迈克·亚当斯（Mike Adams）

的《每个销售员必须讲的 7 个故事》(*Seven Stories Every Salesperson Must Tell*, Matthews, NC: Kona, 2018);洛瑞·西尔弗曼(Lori Silverman)的《事后警醒:组织如何用故事激励成功》(*Wake Me Up When the Data Is Over*: *How Organizations Use Stories to Inspire Success*, San Francisco: Jossey-Bass, 2006);布朗温·弗赖尔(Bronwyn Fryer)的《讲好故事打动人心》("Storytelling That Moves People," *Harvard Business Review*, June 2003, 5-8)。

12. 克里斯托弗·布克(Christopher Booker)认为,故事的基本情节可以分为 7 类:斩妖除魔、从穷困到富有、探寻、远行与回归、喜剧、悲剧和重生。参见克里斯托弗·布克的《7 种基本情节》(*Seven Basic Plots*, New York: Continuum, 2006)。

13. 这些将在第 9 章中讨论。

14. 简而言之,我们没有"根据因变量进行选择",这是一种方法论上的缺陷,它削弱了许多流行的商业图书的价值,包括托马斯·彼得斯和罗伯特·沃特曼的《追求卓越:美国优秀企业的管理圣经》(New York: Harper & Row, 1982)。本章的方法论部分将介绍我们构建和分析数据库的完整细节。

15. 当然,如果滥用这些故事来营销,它们的真实性可能会受到质疑,无论是对内部员工还是对外部利益相关者都是如此。相关问题,我们将在第 8 章进行深入的分析。

16. 杰伊·B. 巴尼在《企业资源与可持续竞争优势》("Firm Resources and Sustained Competitive Advantage," *Journal of Management* 7 (1991): 49-64)一文中首次提出了这种对战略和竞争优势的解读。

17. 当然,并非所有的组织战略都无关道德判断,所以不是所有的文化变革故事都无关道德判断。一个极端的例子是:在第二次世界大战前夕,德国纳粹利用强大的故事构建手段(涉及大规模集会、集体暴乱活动和有力的符号)来构建故事,从而改变了整个国家的文化。相关事件的经典描述可以参看威廉·L. 夏伊勒(William L. Shirer)的著作《第三帝国的兴亡》(*The Rise and Fall of the Third Reich*, New York: Touchstone, 1960)。在不少故事构建的例子中,组织文化与极度不道德的战略相一致。关于安然公司(Enron)的会计造假，参见贝萨尼·麦克莱恩（Bethany McLean）和彼得·埃尔金德（Peter Elkind）的《房间里最精明的人》（*The Smartest Guys in the Room*，New York: Portfolio, 2013）。关于大众汽车（Volkswagen）的尾气排放造假，参见杰克·尤因（Jack Ewing）的《"排放门"：大众汽车丑闻》（*Faster, Higher, Farther*: *The Volkswagen Scandal*, New York: Norton, 2017）。关于美国多所顶级大学的招生舞弊，参见梅丽莎·科恩（Melissa Korn）和詹妮弗·莱维茨（Jennifer Levitz）的《不可接受：特权、欺骗与大学录取丑闻的制造》（*Unacceptable*: *Privilege, Deceit, and the Making of the College Admissions Scandal*, New York: Portfolio, 2020）。故事构建就像工具一样，可用于行善，也可用于作恶。

18. 本书中的大部分故事直接引用了我们采访过的管理者的原话，并且透露了企业的真实名称。但是，有些管理者不愿意透露自己或企业的具体信息，所以我们对这些故事进行了匿名处理——我们会用一句话引出故事，比如"我们认识一位管理者，对方……"或者"我们知道一家企业，它……"。这样，我们就能在不透露故事的主角或相关企业真实名称的前提下（没有明确的指向性），讲述我们数据库中的故事。

19. 参见：约瑟夫·坎贝尔（Joseph Campbell）的《千面英雄》（*The Hero with a Thousand Faces*, Novato, CA: New World Library, 1949）；约瑟夫·坎贝尔和比尔·莫耶斯（Bill Moyers）的《神话的力量》（*The Power of Myth*, New York: Doubleday, 1988）；莫琳·默多克（Maureen Murdock）的《女英雄的旅程》（*The Heroine's Journey*, Boston: Shambhala, 1990）。

第 2 章

1. 有些变革模型主张采用自上而下的方式，比如约翰·科特在《领导变革》（Boston: Harvard Business Review Press, 2012）中提出的八步变革模型；理查德·泰勒（Richard Thaler）和卡斯·桑斯坦（Cass Sunstein）在《助推：事关健康、财富与快乐的最佳选择》（*Nudge*: *Improving Decisions about Health, Wealth, and Happiness*, New York: Penguin, 2008）中提出的"助推"模型。伯纳德·巴斯（Bernard Bass）则在《变革型领导力》

（*Transformational Leadership*, New York：Psychology Press, 1998）一书中探讨了如何培养变革型领导力。有些变革模型主张采用自下而上的方式，可查阅罗伯特·凯根（Robert Kegan）和丽莎·莱希（Lisa Lahey）关于个人发展和组织变革的研究，以及丹尼尔·科伊尔（Daniel Coyle）基于团队的文化变革方法。也可查阅：凯根和莱希的《深度转变：让改变真正发生的 7 种语言》（*How the Way We Talk Can Change the Way We Work*, San Francisco：Jossey-Bass, 2001）；凯根和莱希的《人人文化：锐意发展型组织 DDO》（*An Everyone Culture*：*Becoming a Deliberately Developmental Organization*, Boston：Harvard Business Review Press, 2016）；科伊尔的《极度成功》（*The Culture Code*, New York：Bantam, 2018）。

2. 有些变革模型更关注个人和感性维度，相关研究有伊丽莎白·库伯勒 – 罗斯（Elisabeth Kubler-Ross）将哀伤理论用于解释员工对组织变革的反应，西蒙·斯涅克（Simon Sinek）寻找工作目的的研究，以及朱迪思·格拉泽（Judith Glaser）在组织中培养合作思维的研究。参见：库伯勒 – 罗斯的《论死亡和濒临死亡》（*On Death and Dying*, New York：Simon & Schuster, 1969）；斯涅克的《从 "为什么" 开始》（*Start with Why*, New York：Penguin, 2009）；格拉泽的《创造我们》（*Creating We*, Avon, MA：Platinum, 2005）。有些变革管理研究更注重逻辑和理性，参见戴维·加文（David Garvin）和迈克尔·罗伯托（Michael Roberto）的《通过说服实现变革》（" Change through Persuasion," *Harvard Business Review*, February 2005, 26-34）；金伟灿（W. Chan Kim）和勒妮·莫博涅（Renee Mauborgne）的《引爆点领导法》（" Tipping Point Leadership," *Harvard Business Review*, April 2003, 60-69）；哈罗德·西尔金（Harold Sirkin）、佩里·基南（Perry Keenan）和艾伦·杰克逊（Alan Jackson）的《变革管理的艰难一面》（" The Hard Side of Change Management," *Harvard Business Review*, October 2005, 99-109）。

3. 有些变革模型更看重系统性，比如杰夫·海亚特（Jef Hiatt）提出的 ADKAR 模型、麦肯锡 7S 模型（托马斯·彼得斯和罗伯特·沃特曼最早提出），也可查阅威尔·斯科特（Will Scott）关于文化变革的研究。参见：海亚特的《ADKAR：

一个应用在企业、政府和我们社群的变革模型》（*ADKAR: A Model for Change in Business, Government, and Community*, Loveland, CO: Prosci Learning Center, 2006）；彼得斯和沃特曼的《追求卓越：美国优秀企业的管理圣经》（New York: Harper & Row, 1982）；斯科特的《文化的礼物》（*The Gift of Culture*, Chicago: Culture Czars, 2002）。

4. 由此可见，对于那些和组织文化有一些共同点的组织要素的变革，也可以采用这种多元化的方法来有效地推进。关于这种方法对于组织变革的利弊，参见迈克尔·比尔（Michael Beer）、拉塞尔·艾森斯塔特（Russell Eisenstat）和伯特·斯佩克托（Bert Spector）的《为什么变革计划不能带来变革》（"Why Change Programs Don't Produce Change," *Harvard Business Review*, November-December 1990, 112-121）。

5. 一些企业确实设有"文化副总裁"这一职位。这类高管虽然通常负责描绘并维持组织文化，但很难在变革文化并使文化与战略协调的过程中起到领导作用。

6. 人类社会中产生的事物，例如组织文化，能够产生实际的影响。哲学界的一些学者对这一观点进行了探索，其中包括约翰·塞尔（John Searle），他在《社会实在的建构》（*The Construction of Social Reality*, New York: Free Press, 1997）中对此有所阐述。

7. 这一概念最早由伊丹敬之（Hiroyuki Itami）和托马斯·勒尔（Thomas Roehl）提出，他们在《启动无形资产》（*Mobilizing Invisible Assets*, Cambridge, MA: Harvard University Press, 1991）一书中对此有所阐述。

8. 参见：罗伯特·凯根和丽莎·莱希的《心智突围：个体与组织如何打破变革免疫》（*Immunity to Change*, Boston: Harvard Business Review Press, 2009）；罗莎贝丝·莫斯·坎特（Rosabeth Moss Kanter）的《人们抵制变革的十大原因》（"Ten Reasons People Resist Change"）。

9. 这个故事出自戴维·卡恩（David Kearn）的《黑暗中的先知》（*Prophets in the Dark*, New York: HarperCollins, 1993, 82）。

10. 参见诺拉·埃克特（Nora Eckert）的《在福特，质量问题已成头号难题》（"At Ford, Quality Is Now Problem 1," *Wall Street Journal*, August 6, 2022）。

11. 参见李·佩里（Lee Perry）和杰伊·B. 巴尼的《绩效谎言对组织健康的危害》（"Performance Lies Are Hazardous to Organizational Health," *Organizational Dynamics* (Winter 1981): 68-80）。

12. 尽管所有的组织变革实践中有 70% 未能达到预期，但文化变革的失败率更高，达到了 81%。近期的一项研究显示，96% 的全面组织转型未能达到预期，而这主要是因为这些组织无法改变自己的文化。迈克尔·哈默（Michael Hammer）和詹姆斯·钱皮（James Champy）在《企业再造》（*Reengineering the Corporation*, New York: Harper Business, 1993）一书中首先提出，企业再造的失败率达到了 70%。马丁·史密斯（Martin Smith）在《不同类型的组织变革的成功率》（"Success Rates for Different Types of Organizational Change," *Performance Improvement* 41, no.1 (2002): 26-33）一文中估算了不同类型的组织变革的失败率。麦肯锡公司（McKinsey and Company）在 2018 年的一项研究中提供了相关数据，列出了全面组织转型的失败率和失败原因，这项研究在西沃恩·麦克海尔的《文化变革内幕指南：打造高效、成长性和适应性的工作场所》（New York: HarperCollins, 2020, 2）一书中被引用。

13. "空谈"这一概念最早由文森特·克劳福德（Vincent Crawford）和乔尔·索贝尔（Joel Sobel）在《战略信息传递》（"Strategic Information Transmission," *Econometrica* 50, no. 6 (1982): 1431-1451）一文中提出。

14. 便利贴的发明故事，可前往 3M 公司的官方网站查看。

15. 参见杰夫·汤姆森（Jeff Thomson）的《西南航空的企业文化飞速提升》（"Company Culture Soars at Southwest Airlines"）。

16. 参见克里斯蒂安·孔特（Christian Conte）的《诺德斯特龙的客户服务故事并非传说》（"Nordstrom Customer Service Tales Not Just Legend"）。

17. 此言出自美国众议院前议长萨姆·雷伯恩（Sam Rayburn）。

第 3 章

1. 该故事摘自史蒂夫·杨的《爱的法则》（*The Law of Love*, Salt Lake City: Deseret Book, 2022），第 111 ～ 114 页。

2. 参见斯蒂芬·E. 安布罗斯（Stephen E. Ambrose）的《艾森豪威尔：士兵与总统》（*Eisenhower*：*Soldier and President*, New York：Simon & Schuster, 1991）。

3. 参见：迈克尔·J. 芬尼根（Michael J. Finnegan）的《艾森豪威尔将军为支援霸王行动而争夺战略轰炸机的控制权：指挥统一原则的案例研究》（*General Eisenhower's Battle for Control of the Strategic Bombers in Support of Operation Overlord*：*A Case Study in Unity of Command*, Carlisle, PA：United States War College, 1999）；以及杰弗里·德·廷戈（Geofrey De Tingo）的《艾森豪威尔的战略追求：重视领导风格对战略决策者的影响》（*Eisenhower's Pursuit of Strategy*：*The Importance of Understanding the Influence of Leadership Styles on Strategic Decision Makers*, Fort Leavenworth, KS：School of Advanced Military Studies, 2013）。

4. 在这样的琐事上，就要回顾国家的历史！

5. 引自卡罗·德斯特（Carlos D'Este）的《艾森豪威尔：一个士兵的一生》（*Eisenhower*：*A Soldier's Life*, New York：Henry Holt, 2002），第 499 页。

6. 参见安布罗斯的《艾森豪威尔：士兵与总统》。

第 4 章

1. 参见拉姆昌德拉·古哈（Ramachandra Guha）的《甘地：改变世界的岁月》（*Gandhi*：*The Years That Changed the World*, New York：Knopf, 2018）。甘地在《甘地自传：我追求真理的历程》（*Autobiography*：*The Story of My Experiments with Truth*, New York：Dover, 1983）一书中描述了他主张的社会和文化变革的方法。

第 5 章

1. 参见大卫·M. 戈登（David M. Gordon）的《南非的种族隔离：文献简史》（*Apartheid in South Africa*：*A Brief History with Documents*, London：Bedford, 2017）。

2. 曼德拉的自传为《漫漫自由路》（*Long Walk to Freedom*, Boston：Back

Bay Books, 1995）。另一本优秀的曼德拉传记为安东尼·桑普森（Anthony Sampson）所著的《曼德拉传》（*Mandela：The Authorized Biography*, New York: Vintage, 2000）。

3. 参见本书第 4 章。

4. 例如，津巴布韦于 1980 年独立，并废除了以前设置的许多白人特权。1980 ～ 1990 年，超过三分之二的津巴布韦白人离开了这个国家。参见阿洛伊斯· S. 姆兰博（Alois S. Mlambo）的《津巴布韦史》（*A History of Zimbabwe*, Cambridge: Cambridge University Press, 2014）。

5. 关于真相与和解委员会的运作细节，参见康奈尔大学法学院法律信息研究所网站上的"南非真相与和解委员会"词条。

6. 参见杰伊· A. 博拉（Jay A. Bora）和埃里卡·沃拉（Erika Vora）的《南非真相与和解委员会的有效性：科萨人、南非白人和英裔南非人的看法》（"The Effectiveness of South Africa's Truth and Reconciliation Commission: Perceptions of Xhosa, Afrikaner, and English South Africans,"*Journal of Black Studies* 34, no. 3 (2004): 301-322）。

7. 引自桑普森的《曼德拉传》，第 512 页。

8. 参见约翰·卡林（John Carlin）的《成事在人：纳尔逊·曼德拉和一场改变国家的比赛》（*Invictus：Nelson Mandela and the Game That Made a Nation*, New York: Penguin, 2008）。这本书中的故事后被改编成电影——2009 年上映的电影《成事在人》（*Invictus*）。该电影由克林特·伊斯特伍德（Clint Eastwood）执导，摩根·弗里曼（Morgan Freeman）和马特·达蒙（Matt Damon）主演。

9. 关于曼德拉相关的争议，可以参考奥利维亚·韦克斯曼（Olivia Waxman）的《为何美国政府直到 2008 年才将纳尔逊·曼德拉从恐怖分子的名单上移除》以及《曼德拉在一生中的大部分时间都是备受争议的人物》。

第 6 章

1. 参见亚历山大·麦克卢尔（Alexander McClure）的《亚伯拉罕·林肯逸事》（*Yarns and Stories of Abraham Lincoln*, New York: Walking Lion, 2013）。

2. 参见多丽丝·卡恩斯·古德温（Doris Kearns Goodwin）的《仁者无敌：林肯的政治天才》（*Team of Rivals*, New York: Simon & Schuster, 2005）。

3. 参见古德温的《仁者无敌：林肯的政治天才》，第 687 页。

4. 参见古德温的《仁者无敌：林肯的政治天才》，第 687 页。

第 7 章

1. 参见库尔特·勒温的《理解社会冲突》（*Resolving Social Conflicts*, New York: Harper & Row, 1949）。

2. 参见斯特凡·贝格尔（Stefan Berger）和霍尔格·内林（Holger Nehrin）的《全球视角下的社会运动史》（*The History of Social Movements in Global Perspective*, New York: Palgrave Macmillan, 2017）。

3. 参见埃里克·梅塔克萨斯（Eric Metaxas）的《威尔伯福斯传：恩典人生及废奴义举》（*Amazing Grace*: *William Wilberforce and the Heroic Campaign to End Slavery*, New York: HarperOne, 2007）。

第 8 章

1. 参见马歇尔·麦克卢汉、昆廷·菲奥里（Quentin Fiore）和杰罗姆·阿吉尔（Jerome Agel）的《媒介即按摩》（*The Medium Is the Massage*,[○]New York: Bantam Books, 1967）。

2. 例如，参见艾莉尔·盖尔鲁德·希罗（Ariel Gelrud Shiro）和理查德·V. 里夫斯（Richard V. Reeves）的《营利性大学体系存在问题，拜登政府需要着手解决》（"The For-Profit College System Is Broken and the Biden Administration Needs to Fix It"）(布鲁金斯学会官方网站)。

3. 这个故事整理自杰里米·安德鲁斯的《Traeger 的首席执行官如何清理有毒的组织文化》（"Traeger's CEO on Cleaning Up a Toxic Culture," *Harvard*

㊀ 由于出版方的失误，这本书书名中的"message"被误写为"massage"，但是当麦克卢汉得知这个错误时，他觉得很有趣，并未提出修改要求——可能是因为麦克卢汉认为媒介的确能以特殊的方式按摩大脑。——译者注

Business Review，March/April 2019, 33-37）以及安德鲁斯的个人访谈。

第9章

1. 如果你想了解以能力为本的招聘模式，可以翻看李·迈克尔·卡茨（Lee Michael Katz）的《能力是实现更好的招聘的关键》（"Competencies Hold the Key to Better Hiring"）。

2. 比如，有的企业开发了用于评估候选人性格特征、人格类型的工具，其依据是唐·里索（Don Riso）的《九型人格：了解自我、洞悉他人的秘诀》（*Personality Types: Using the Enneagram for Self-Discovery*，New York: HarperOne, 1996）以及唐·里索和拉斯·哈德森（Russ Hudson）的《九型人格的智慧》（*The Wisdom of the Enneagram*，New York: Bantam, 1999）。

3. 这种效应最早由托德·曾格（Todd Zenger）在《解释组织研发中的规模不经济问题：代理问题以及组织规模对工程人才配置、创意和活动的影响》（"Explaining Organizational Diseconomies of Scale in R&D: Agency Problems and Allocation of Engineering Talent, Ideas, and Effort by Firm Size," *Management Science* 40, no. 6 (1994): 708-729）中提出并展开讨论。

4. 这本小册子后来被戴维·帕卡德（David Packard）扩展成一本书，名为《惠普之道：比尔·休利特和我是如何创建公司的》（*The HP Way: How Bill Hewlett and I Built Our Company*，New York: Harper Business, 1995）。

5. 参见强生公司官方网站。

6. 查尔斯·科赫在《成功学：市场导向型管理如何造就世界上最大的私营企业》（*The Science of Success: How Market-Based Management Built the World's Largest Private Company*，New York: Wiley, 2007）一书中概括了这种管理哲学。

7. 例如，可以参考彼得·曼苏尔（Peter Mansoor）和威廉森·默里（Williamson Murray）的《军事组织的文化》（*The Culture of Military Organizations*，Cambridge: Cambridge University Press, 2019），以及马克·布劳克（Mark Brouker）的《海军的教训》（*Lessons from the Navy*，New York: Rowman &

Littlefield, 2020）。关于这些问题的广泛讨论，可以翻看史蒂夫·马格内斯（Steve Magness）的《做困难的事情》（*Do Hard Things*, New York: HarperOne, 2022）。

8. 参见吉姆·柯林斯的《从优秀到卓越》(New York: HarperCollins, 2001）。

第 10 章

1. 例如，可以参考唐纳德·M.默里（Donald M. Murray）的《一切作品皆自传》（"All Writing Is Autobiography," *College Composition and Communication* 42, no. 1 (1991): 66-74）。

2. 例如，可以参考西格蒙德·弗洛伊德（Sigmund Freud）和约瑟夫·布洛伊尔（Josef Breuer）的《癔症研究》（"Studies in Hysteria"），收录于《西格蒙德·弗洛伊德心理学著作全集标准版》（*Standard Edition of the Complete Psychological Works of Sigmund Freud*）第 2 卷，第 1 ~ 305 页，由詹姆斯·斯特雷奇（James Strachey）编辑（London: Hogarth, 1895/1955）；以及沙乌尔·奥雷格（Shaul Oreg）的《抵抗变革：开发个体差异测量工具》（"Resistance to Change: Developing an Individual Differences Measure," *Journal of Applied Psychology* 88, no. 4 (2003): 680-693）。

3. 参见马克·A.维埃拉（Mark A. Vieira）的《欧文·托尔伯格：从神童到王牌制片人》（*Irving Thalberg: Boy Wonder to Producer Prince*, Los Angeles: University of California Press, 2009）。

4. 有趣的是，这些努力通常不是文化变革的前奏，而是通过记录其主要特征来维持组织当前的文化。

5. 当然，你可能需要多次重复这个试验才能了解对方的反应是否具有代表性。同时，你也可以借助这个机会完善自己的文化变革故事。

6. 在构建你的第一个故事之前，你应该在组织中多次重复这一步骤。

7. 简单地说，大脑的理性功能区域位于前额叶皮层，而大脑的情感功能区域位于边缘系统（包括海马体和杏仁核）。参见厄尔·米勒（Earl Miller）、大卫·弗里德曼（David Freedman）和乔纳森·沃利斯（Jonathan Wallis）的《前额叶皮层：范畴、概念与认知》（"The Prefrontal Cortex: Categories, Concepts,

and Cognition，" *Philosophical Transactions of the Royal Society of London*，*Series B，Biological Sciences* 357，no. 1424 (2002)：1123-1136），以及彼得·摩根（Peter Morgane）、雅妮娜·加勒（Janina Galler）和大卫·莫克勒（David Mokler）的《边缘前脑、边缘中脑的系统与网络综述》（" A Review of Systems and Networks of the Limbic Forebrain/Limbic Midbrain，" *Progress in Neurobiology* 75，no. 2 (2005)：143-160）。